教育的本色

李镇西 著

四川人民出版社

图书在版编目（CIP）数据

教育的本色 / 李镇西著. —成都：四川人民出版社，2023.11（2024.4重印）
ISBN 978-7-220-13314-5

Ⅰ.①教… Ⅱ.①李… Ⅲ.①教育-随笔-中国-文集 Ⅳ.①G52-53

中国国家版本馆 CIP 数据核字（2023）第 185819 号

JIAOYU DE BENSE
教育的本色
李镇西 著

出 版 人	黄立新
责任编辑	蔡林君
特约编辑	付媛媛
封面设计	张 科
版式设计	李秋烨
责任校对	蓝 海
责任印制	周 奇

出版发行	四川人民出版社（成都三色路 238 号）
网　　址	http://www.scpph.com
E-mail	scrmcbs@sina.com
新浪微博	@四川人民出版社
微信公众号	四川人民出版社
发行部业务电话	（028）86361653　86361656
防盗版举报电话	（028）86361653
照　　排	四川胜翔数码印务设计有限公司
印　　刷	四川五洲彩印有限责任公司
成品尺寸	170mm×240mm
印　　张	12.5
字　　数	160 千
版　　次	2023 年 11 月第 1 版
印　　次	2024 年 4 月第 2 次印刷
书　　号	ISBN 978-7-220-13314-5
定　　价	48.00 元

■版权所有·侵权必究
本书若出现印装质量问题，请与我社发行部联系调换。
电话：（028）86361656

目 录

大先生陶行知 …………………………………………（001）

善良是人格的底色 ……………………………………（007）

还一个尊重学生思考的课堂 …………………………（010）

身心健康的孩子才是我们需要的 ……………………（014）

家庭教育最重要 ………………………………………（018）

我是如何读一本书的 …………………………………（023）

怎样才算是把一本书"读懂"了 ………………………（027）

恳请您读毕淑敏的《谁是你的重要他人》…………（032）

一线普通老师如何写出能够正规出版的书 …………（038）

教育写作是为了什么 …………………………………（045）

我是这样对待家长送礼的 ……………………………（049）

苏霍姆林斯基是怎样影响我的 ………………………（058）

学生爱你，比什么都珍贵 ……………………………（066）

如何做好本职工作 ……………………………………（070）

童心万岁

　　——我的一堂班会课 …………………………………………（072）

教育常识六十秒 …………………………………………………（086）

什么是真正的教育

　　——答《教育家》 ………………………………………（111）

真情实感，随心所写

　　——答《中国教师报》 …………………………………（118）

我们为什么要做新教育

　　——在武侯区2020年新教育总结会上的发言 …………（123）

新教育的生命在哪里 ……………………………………………（127）

这才是儿童应该有的模样 ………………………………………（135）

细心呵护孩子的心灵，是在培养"玻璃心"吗 ………………（139）

班主任的幸福源于何处 …………………………………………（144）

昨天我对学生的好是应该的，今天学生对我的好却并非必须 …（150）

好的教育与好的老师 ……………………………………………（155）

泰山北斗杜道生 …………………………………………………（168）

睿智而纯真的万老师 ……………………………………………（176）

他有限的生命已经化作永恒的旋律 ……………………………（191）

大先生陶行知

陶行知无疑是一位大先生。如何理解这位大先生？我觉得还是当年他去世后覆盖遗体的旗帜上那八个大字最能说明这位"大先生"之"大"——

民主之魂，教育之光。

我理解，这里的"民主之魂"，指的是陶行知先生的政治之魂、生活之魂和教育之魂。

政治之魂，即他的政治理想。陶行知先生年轻时曾说："余今生唯一的目的是经由教育而非军事创造一民主国家。"他最初的理想就是国家的民主，但这个民主通过教育实现，所以他是从民主出发，走向教育民主，最后他发现，不摧毁一个专制的政权是无法单独实现教育民主的，因此他后来走向政治民主，成为著名的民主主义战士。

生活之魂，即他的生活方式。民主不仅仅是一种政治制度，也是一种生活方式。这个观点最早是由杜威提出的。他指出，民主主义"还有一种更为深刻的解释：民主主义不仅是一种政府的形式；它首先是一种联合生活的方式，是一种共同交流经验的方式"。也许是受老师的影响，陶行知也曾指出："民主的时代已经来到。民主是一种新的生活方式，我们对于民主的生活还不习惯。但春天已来，我们必须脱去棉衣，穿上春装。我们必须在民主的新生活中学习民主。"

这是对民主更为深刻的理解。将民主看作一种个人的生活方式，即认为民主不只是一种形式或者外在的东西，还是一种内在的修养。这种内在的修养体现于日常生活和与人交往的过程中：相信人性的潜能；相信每个人不分种族、性别、家庭背景、经济水平，其天性中都蕴含着发展的无限可能性；相信在日常生活与工作中，人与人之间是能够和睦相处，能够真诚合作的。民主的生活方式，意味着自由、平等、尊重、多元、宽容、妥协、协商、和平等观念浸透于社会的每一个角落，体现于生活的每一个细节。

陶行知的民主生活方式，最突出的体现，就是他与人相处的平等观念，尤其是提出要消灭"人上人"的观念，树立"人中人"的意识；他还特别提倡师生互助互进，强调先生要向学生学习，向老百姓学习，呼吁做先生的要把自己的生命放在学生的生命中，放在大众的生命中。

教育之魂，即他的所有教育实践都是为了培养具有共和精神的公民，培养国家的主人，培养共和国的公民。

针对专制社会的顺民教育，陶行知旗帜鲜明地指出："民主教育是教人做主人，做自己的主人，做国家的主人，做世界的主人。"

陶行知民主教育的目的始终是指向未来的民主社会的。他认为，民主教育应该为共和国培养公民："今日的学生，就是将来的公民；将来所需要的公民，即今日所应当养成的学生。"封建专制教育说穿了就是培养奴才；而民主教育是培养主人，是高扬人的主体性的教育。因此，是训练奴才还是造就主人，可以看作是专制教育与民主教育的分水岭。

上面说的是我对陶行知"民主之魂"的理解。下面谈谈我对"教育之光"的理解。

陶行知先生的教育之光，是"中国之光"，即办有中国气派的教育。针对当时一些人不顾中国的实际而一味将"洋货"往孩子头脑里灌，把中国教育搞得奄奄一息的情况，他特别强调，无论多么先进的理念和做法，都要根据中国的实际情况予以改造。晓庄师范、山海工学团、育才学校、社会大学等，无一不是最具中国特质的教育形式。

陶行知先生的教育之光，是"平民之光"，即面向多数人的教育，面向劳苦大众的教育。作为中国平民教育的先驱者之一，他和晏阳初等人，一直怀着服务大众的情怀，在广大乡村面向最基层的百姓办教育。对比今天，我们有些学校的教育越来越贵族化，回眸一下陶行知教育的"平民之光"，是很有必要，也是很有意义的。

陶行知先生的教育之光，是"儿童之光"。儿童在陶行知眼里至高无上。他一直强调做先生的乃至所有成人都要向孩子学习，他希望师范生要"变成小孩"，并且说这是做教师的资格。陶行知先生无限地相信儿童，坚信每一个孩子都有着无穷的创造力，多次呼吁要解放儿童，提出了著名的"六大解放"。

陶行知先生的教育之光，是"生活之光"。他的教育根植于生活，融合于生活，着眼于生活，从生活出发，最终为了生活。他提出生活教育的理论，主张"生活即教育""社会即学校"。他强调生活实践的意义，强调"教学做合一"，强调生活处处都是教育、都有教育。他把教育与生活彻底打通，让孩子们时时处处都可以学习，人人都可以互相为师。

陶行知先生的教育之光，是"创造之光"。教育最终是为了解放人的创造力。他认为创造无处不在，无时不在，无人不可创造："处处是创造之地，天天是创造之时，人人是创造之人。"特别要强调的是，陶行知提出的"培养创造力"是与他的民主社会理想直接联系的："培养创造力，以实现创造的民主和民主的创造。"

陶行知先生的教育之光，是"师范之光"。教育的品质取决于教师的品质，只有高质量的教师，才可能有高质量的教育。陶行知特别重视师范生教育，他致力于培养热爱儿童、献身教育、建设乡村、服务人民的师范生。

现在我们越来越重视教师队伍的建设，而教师队伍的建设应该从师范生开始。陶行知师范教育的思想至今依然闪烁着光芒。

"大先生"有什么内涵？我认为，这里的"大"指的是超出或高于一般人的品质。从陶行知先生的身上，我们可以看到，所谓"大先生"之大，至少包括——

大道德。这里的"大道德"应该是具有超越个人一切功利的人格，教育就是信仰，怀着爱心，心里装着每一个孩子。陶行知对师范生说："我今天要代表乡村儿童向全国乡村小学教师及师范生上一个总请愿：'不要你的金，不要你的银，只要你的心'。"这实在是让我感动。他还说："只要是为老百姓做事，我吃草也干。"这种无私，的确非常人能够拥有，这就是大道德。

大理想。所谓"大理想"，即不是个人的小追求，而是一种为了国家为了民族的使命感，是一种大担当。陶行知说："人生为一大事来"。这里的"大事"，一般人很容易理解为他所从事的教育，其实不是，这里的"大事"，指的是陶行知改造社会、改造中国的伟大抱负。没有这样的大理想，就谈不上大先生。

大胸襟。宽广的胸襟，开阔的视野，是大先生的品质。我的导师朱永新说过，只有有了大胸襟才能够做大事业。大胸襟，指能够包容一切，真正的海纳百川，包括世界一切文明成果。我们要站在人类精神文明的制高点，反思自己的每一堂课。今天我们当然要立足中国办中国的教育，但"教育要面向世界，面向现代化，面向未来"的思想也并没有过时，而是要办立足国内，放眼全球，办中国的教育。

大思想。大先生当然是一流的知识分子，而知识分子便意味着同时是一名长于思考者甚至是一名思想家。他思考民族和国家的昨天、今天和明天，当然要顺应历史潮流，响应时代呼唤，服务于民族、国家的发展，但这绝不意味着人云亦云，屈从于权贵。真正的大先生始终保持着如陈寅恪所说的"独立之精神，自由之思想"。

大学问。大先生具有大学问，这不言而喻。今天我们缺少大先生的原因，就是太多的"先生"，和过去的大先生相比，肚子里的货太少，说到底是书读得太少。所以我曾经说过，和老一辈大先生相比，我们连学者都谈不上。没有手不释卷的习惯、博览群书的阅历，没有学富五车的积淀，就休要谈"大先生"。

大智慧。大先生不仅仅有思想，而且还有实践，尤其能够在教育实践中，显示出教育智慧。历史在发展变化，时代会给我们提出一个又一个新的问题，具有大智慧的先生总能与时俱进地面对这些难题，提出有针对性的策略、技巧、办法。这些策略、技巧和办法也许会过时，但其中蕴含的智慧却能超越时空。

我认为，作为一种理想的境界，大先生是完美的，正如杜时忠教授所说，大先生符合我们对理想教育者的全部想象。但这绝不意味着具体到每一个大先生，他就没有弱点或缺点。任何一个大先生都有着自己的个性特点，难免有弱点或缺点，是"唯一"的。

有人问，新时代如何培养大先生？我认为，新时代当然有着我们特定的使命，比如我们现在正在为实现第二个百年奋斗目标而奋斗，所以肯定有过去的大先生没有遇到的问题；但我更要说，对今天绝大多数教育者来说，我们需要的是继承。先别说"创新"，先看看我们同过去大先生们的差距有多大？人格的、胸襟的、学问的、思想的……所以，我们现在与其说"培养"大先生，不如说首先应该学习和继承老一辈大先生的品质、风范与传统。

再说，大先生是能够"培养"的吗？不，大先生从来不是人为"培养"的，而是在适宜的环境中自己成长起来的。必须说，人的成长离不开大的时代，比如如果没有改革开放，没有1977年恢复高考，中国许多杰出的人才可能被埋没。但同样的环境，有的人成长了，有的人湮灭了，关键还在于个人。你能说陶行知这位大先生是谁培养的吗？难道是国民党反动派培养的？不，是他自己成长起来的。我这样说，丝毫不意味着我否认外在条件的重要性。大先生的出现，需要爱、自由和宽容，就是说，包括大先生在内的所有杰出人才的成长，都需要爱的阳光、自由的空气和宽松的土壤。当然，也需要时代的机遇、领导的关怀和恩师的引导，但最终，有了同样的机遇、关怀和引导，有的人成长起来了，有的却没有成长。这只能说，可以创造条件让大先生自由而宽松地成长，却不能人为地"培养"大先生。

必须承认，不是人人都可以成为大先生的，但这不妨碍每一个普通的老师心中有成为大先生的追求。

今天，我们对陶行知最好的纪念，就是像陶行知那样做人、做事、做教育！

李镇西

2021年10月18日

善良是人格的底色

教育不只是指学校教育，还包括家庭教育和社会教育。

也许我们的孩子并不能人人都成为科学家等国家的栋梁人才，但让每一个孩子都成为好人，而不被教坏，保持善良的底色，这是我们能够做到的。

当然，问题又来了，什么叫"好人"？什么叫"教坏"？

如果要追问下去，这个问题将公说公有理婆说婆有理，比如有人会说："关键看你站在什么立场。"还有人会说："敌人心中的好人，恰恰是我们眼中的坏人。"等。

如果依然保持这种"逻辑"，这个问题就无法被深入探讨；如果真有这样的读者，就请别再接着往下读这篇文章了。

改革开放以前，就是这种逻辑。

现在的年轻人可能不知道，有些词，比如"博爱""人权""民主""自由"……曾经是"资产阶级"的，一切都打上了"阶级的烙印"。直到20世纪80年代，有一位中央领导人才说："为什么要把民主、自由、人权……这些美好的词汇拱手让给资产阶级呢？"（大意）相反，那时候，所有美好的东西都认为是"属于无产阶级的"，比如我当知青时，农村的茅厕墙上都写着："讲卫生是无产阶级的美德。"

所以，当我们说，至少不要把孩子教坏，必须有一个逻辑前提：承认一些美好的品质是属于全人类的，比如对真善美的追求、对自然环境的呵护、对和平世界的呼唤、对不义战争的谴责……再具体到日常生活中，富于同情、帮扶弱者、尊重他人、恪守诚信、拾金不昧、"己所不欲，勿施于人""勿以恶小而为之，勿以善小而不为"……

我总觉得现在许多人戾气太重，在网络上表现尤其明显。无论遇到什么话题，上来就是"义正词严""雷霆万钧"，所谓"只讲立场，不问是非"，其表达往往是讽刺挖苦、污言秽语，动辄骂对方"脑残"（还有更肮脏恶心的话，我都不好意思写在这里，怕玷污了我的镇西茶馆）。反正是化名（网名），骂了就走，也没人知道他是谁，也"不丢面子"。

感觉现在不少年轻人，心中随时都充满仇恨。这和教育（广义的教育）有没有关系？

我们要多思考，如何让我们的孩子心中有爱，懂得尊重，就算彼此观点不同，但不妨碍在理性平等的前提下，做到有话好好说。

是非观念的形成固然和视野开阔与知识渊博有关，但更和尊重常识有关。比如，人要吃饭而不能吃屎，这是一个常识。如果有人大谈"人其实也可以吃屎""随着时代的发展和科技的进步，吃屎将成为人类必然的选择"云云，那么，即使一个只有小学文化水平的好人，也能判断"吃屎"论者纯属邪恶之徒。

同样的道理，除了外敌入侵的特殊时期我们必须"外争国权，内惩国贼"，一般来说，和平年代我们的教育不应该给孩子灌输仇恨，让他们热衷打杀，崇拜霸强。"居安思危"的教育当然必不可少，但爱与和平应该像阳光一样照进每一个孩子的心灵，社会主义核心价值观所倡导的"民主""文明""和谐""自由""平等""公正""诚信""友善"，等等，应该成为教育的主流。

有一本书，也许现在提起有人会觉得很"苍白"，但我还是要说——《爱的教育》。这是我1982年大学毕业参加工作后，给历届学生推荐的名著。可以说《爱的教育》是我历届学生的必读教材：每天放学后我和学生轮流朗读"恩里科"的日记（用现在的话来说，就是带着学生"整本书阅读"）——成了我班最激动人心的时刻，也成了他们毕业以后心灵深处最难忘的记忆。

"爱"无疑是《爱的教育》的灵魂：爱父母，爱老师，爱同学，爱邻居，爱一切普通的善良者，爱那些素不相识却渴望温暖的不幸者，爱所有为他人为民族献出生命的英灵，爱"葬着自己祖先"、给自己以尊严的祖国……但是，《爱的教育》绝非充满空洞说教的"教科书"。该书的副标题是："一个意大利小学生的日记"。作者透过一位小学生的视角，以日记体的形式诉说着一个个"爱"的故事。恩里科的日记，引导读者从一个质朴、纯真的角度观察"爱"、品味"爱"、感受"爱"，并忍不住与恩里科和他的父母、同学、朋友一起欢笑、流泪、沉思、憧憬……

我当然知道，这个世界存在着邪恶，存在着魔鬼，存在着恃强凌弱，存在着不义战争……所以我们的教育不能没有正直和正义的内涵以及明辨是非的使命——顺便说说，现在居然有人公开说："小孩子才讲对错，大人们只讲输赢。"这种赤裸裸地蔑视公理、嘲笑道义的言论，居然还博得一些人的喝彩，令人不寒而栗。

但是，毕竟人类文明的主流还是讲真善美的，具体到我们日常生活中，用老百姓常说的话："还是好人多"。如果我们的教育能够用"爱"滋润孩子们的心灵，进而培养心中存爱、眼中有人、精神自由、言行文雅、个性鲜明、行为规范、三观纯正、视野开阔，具有中国灵魂、世界胸襟的现代公民，那么我们的社会将会变得更加美好，我们的国家将会变得更加强大，这个社会和国家的每一个人也会感到更加幸福。

2022 年 3 月 29 日

还一个尊重学生思考的课堂

1997年，有过一次由《北京文学》发起并在全国引起轰动的语文教育大讨论。当时我也撰文参加了。

在一篇文章中，我写道——

对于"上面"统一订购的形形色色的单元检测题、模拟考试等试卷，如果没有"标准答案"，我是不敢给学生评讲的。这倒不是说我自己不愿意老老实实地把有关试题认真做一遍，而是不少题我根本就不会做：像"恣睢"之类的"词语解释"，像"《济南的冬天》选自什么集子"之类的"文学常识"，还有许多似是而非的阅读理解题等等。虽做不来但还得照"标准答案"给学生评讲，因为"上面"要考这些东西呀！

整整25年过去了，这种情况有没有好转呢？

网上有一个语文教学的笑话——

曾有一位老师问小学生："雪融化后变成什么？"一个小男孩抢先回答："雪融化后变成水。"另一个小男孩想了想说："雪融化后变成泥土。"有个调皮的小女孩则回答："雪融化后变成春天。"第一个小男孩得到满分，老师表扬他反应快，回答准确。第二个小男孩得了60分，老师责怪他拐弯抹角。小女孩得到的却是：零分加训斥。

也许这笑话只是段子高手的虚构，但这种思维模式至今还广泛存在于我们的课堂上——不仅仅是在语文课堂上，却是不争的事实。

就像很难说有谁故意想把孩子教坏一样，同样，也不会有人承认是有意想把孩子教傻，可是，在我们的教室里，一批又一批本来富有灵气的孩子真的变傻了。

每个孩子一出生就是一个纯净透明的诗人，一个富有无穷想象力的童话作家，其特征是他们整个的心灵世界是无拘无束的，什么都敢想，思想的翅膀可以飞得很高很远。可是一旦接受了不合适的"教育"，他们的思想被"引导"被"规范"……如果所有充满创造的灵气没了，人就会变傻。

在我小时候乃至参加工作之初的语文课堂上，学一篇课文，多是遵循"作者介绍、时代背景、段落大意、中心思想、写作特点"五个步骤而按部就班。写作文，更是有现成的套路，无非"借景抒情""托物咏志"，而这"情"和"志"多是老师规定好了的——用今天的话来说，就是"必须是满满的正能量"。

2000年我在《人民教育》上发表过一篇题为《请给学生以心灵自由》的文章，这样抨击当时的语文教育——

> 在某些语文课堂上，不但没有师生平等交流、共同研讨的民主气氛，反而存在着唯师是从的思想专制——学《孔乙己》，学生只能理解这是鲁迅对封建科举制度的批判；学《荷塘月色》，学生只能理解这是朱自清对"4·12"大屠杀的无声抗议；学《项链》，学生只能把路瓦栽夫人理解为小资产阶级虚荣心的典型；写《我最敬佩的一个人》，学生往往会习惯性地写老师，而且多半会把老师比作蜡烛或春蚕；写《在升旗仪式上》，学生往往会先写"朝霞满天，红日初升"，然后是对革命先烈的联想和对今天幸福生活的

赞美，最后想到的是自己的"神圣使命"；写景，只能是借景抒情；写物，只能是托物咏志；写事，只能写有"意义"的事；写人，只能写"心灵美"的人……在如此"崇高""庄严"的"语文教育"下，学生的心灵已被牢牢地套上了沉重的精神枷锁，哪有半点创造的精神空间可言？

一晃二十多年过去了，情况有没有好转呢？客观地说，不能说一点好转都没有，比如现在的阅读教学就不再是从"时代背景"到"写作特点"的五大段了，而且"互动""生成"之类的理念也渐渐进入语文老师的教案中。

但我最近听了一些语文课，感觉有的课堂好像又退回到了20世纪80年代，虽然表面上也提倡"平等对话""互动生成"之类，但教师在骨子里依然是在控制学生的思维。

如果以前的课堂是"满堂灌"，那么现在不少课堂是打着"尊重""引导""启发"的旗号在"满堂问"。在这样的教学中，教师所依次抛出的自己"精心设计"的一个个问题，常常成为学生的思想禁锢。看似学生积极思考、踊跃发言，但学生想的是如何才能满足老师的需求，他们说的话如何才能完美地成为让老师满意的答案。老师抽了一个学生起来回答，如果不满意，会继续问："还有呢？"再不满意，继续问："还有呢？"一直要问到让他满意的学生，才说："说得好，请大家给他以掌声！"然后就是孩子们被训练过的节奏统一的掌声："啪，啪啪，啪啪啪！"正是在教师这样的一步步追问，学生一次次的回答和教师对学生答案的一次次纠正中，学生成了教师思想的俘虏，成了教师见解的复述者。

明明你备课时就在PPT上把答案都写得清清楚楚了，连步骤都不含糊，你干吗还要假惺惺地让学生"畅所欲言""没关系，随便说"呢？你最后不还是要亮出你预制好的PPT"一锤定音"吗？

在这样的课堂上，学生不能真实地体验课堂的生动感，对学习可能更提不起兴趣了。

为什么不能让学生的思想在阅读中自由自在地飞翔？为什么不能让学生在写作中自然而然地流淌自己的心泉？为什么不能让学生在课堂上什么都敢想，什么都敢问，什么都敢说？如果我们老是自以为是地去"引导"学生，那么一个民族的创造力就会被扼杀。

一个高三孩子曾给我说："从小学到高中，语文老师最爱给学生说的是：'规范答题，不要自作主张。'写作文时，老师经常提醒的就是：'该写的才写，不该写的不要乱写。'家长更是直言不讳：'不要在作文中说真话，别那么傻。'"

我相信，这个孩子所说的，绝非个别现象。但精彩的课堂却异常受欢迎。

有一个著名的历史特级教师，在给学生讲抗美援朝时，没有照本宣科地复述教科书然后让学生死记硬背那些结论，而是列出了另外国家有关朝鲜战争的教材叙述：看看对同一个重大历史事件，美国的是怎么说的，朝鲜的是怎么说的，韩国的是怎么说的，连中国的教材在内，让学生去比较，去思考，去分析……学生不但更加立体客观地了解了那一段历史，而且心悦诚服地认识到这场战争对中华民族的伟大意义。但这个"意义"不是教师灌输给学生的，而是通过他们自己的辨别和研究得出的。这才是一个尊重学生思考的过程，也是不把学生教傻的课堂。

这才是真正的自信——"四个自信"之中的文化自信。

中华民族已经站起来了富起来了，正在迈向"强起来"的时代，但中国要真正成为富有创造力的强盛大国，还得回到陶行知当年所呼吁的"六大解放"中，从每一位教师和家长不控制孩子的思想开始做起。

2022年3月30日

身心健康的孩子才是我们需要的

几年前，我慕名去四川广元一所山区学校参观，这所村小叫"范家小学"，校长名叫张平原。张校长通过转变理念和改革课程，让这所四面都是大山的小学成了吸引大都市孩子的名校。有教育专家来看了之后，这样评价该校："我在这所小学看到了北欧教育的影子。"当时我问张平原校长："别的村小，学生都跟着父母去大城市，你的学校却吸引了许多大城市的孩子。对此你是不是感到自己很牛？"张校长说："这还不是最牛的，我最牛的是，在我的学校里，这么多年，没有一个近视眼！"

他的回答出乎我的意料，更让我震撼。

"没有一个近视眼！"这个标准高吗？似乎不高。我小时候读书，班上就很少有近视眼；我20世纪80年代教书，班上的近视眼也很少。而现在，还有多少校长敢说"我的学校，这么多年，没有一个近视眼"。

且不说范家小学的教学质量也令人欣慰，单说"没有一个近视眼"这一条，这就是一所不会把孩子教残的学校。

北京冬奥会期间，谷爱凌很是火了一阵子。她母亲谈到对孩子睡眠时说："我就是让她必须睡足够的觉，小时候睡15个小时，上小学后13个小时，现在每天也要睡10个小时，睡不够哪有精力玩儿？"

哪个孩子的父母不希望孩子能睡"15个小时""13个小时""10个小时"？都是自己的心头肉，谁不心疼？

我们的孩子长期（注意，不仅仅是初三和高三）睡眠严重不足，还能指望他们身心健康吗?

在周一的升旗仪式上,有学生站着站着就倒下了。这种情况恐怕不是个别学校才有的。学校运动会上,800米长跑,相当一部分学生根本跑不下来。这些都说明,孩子的体质状况的确令人担忧。

记得20世纪80年代《中国青年报》连载过一篇报告文学,题目叫《谁来保卫2000年的中国》。2000年已经过去了20多年了,我们不得不发问:谁来保卫2050年的中国?

其实,没有哪位家长不心疼自己的孩子,没有哪位老师不关爱自己的学生,他们何尝不愿意让正在长身体的少年们能够把更多的时间花在绿茵球场或田埂山路上?

但沉重的学习负担,剥夺了孩子们的奔跑和追逐的权利。谁也不敢拿学业开玩笑。无论中考,还是高考,都关系着孩子一生的前途和命运啊!于是,学校成了孩子们主要的生活空间,学业成绩未必提升,体质却在一天天下降。

就算身体没垮,考上了大学,若心理有疾病,依然不能算是健康的人。目前在中国,有心理疾病的中小学生和大学生越来越多。据说,有大学也时常有学生跳楼自杀。我听了极为震惊:这所学校是多少孩子梦寐以求的名校啊!可是,身心不健康,考上了又怎样?

所以我曾经在一次演讲中激愤地说:"如果孩子睡眠不足、视力下降、体质羸弱,学校所宣传的教育改革成果都毫无意义!"

因为人是教育的最高价值。(这里的"人",当然是指身心健康的人)

如果一个孩子苦读十二年最后身体孱弱、心灵灰暗,哪怕他还是以优异的成绩考上了国内顶尖名牌大学,可是他能够拥有真正幸福完整的人生吗?

所以,对于"双减"政策,我是全身心地拥护!

在现行教育体制的中高考压力下，一个学校究竟能不能在减轻学生课业负担的同时，又增加学生体育锻炼时间？我认为只要校长有着足够的远见、勇气与智慧，就能够做到的。

四川省北川县的永昌中学，是从大地震中重新站起来的学校，前身是北川中学初中部，后分出来建成一所独立的初中学校。该校所有学生都住校。为了保证学生的睡眠时间，他们初一和初二每天晚上是八点五十分下自习，九点十分熄灯休息；初三是九点三十五分进寝室，九点五十分熄灯。双休日不上课，照常休息。多年来，他们坚持每天二十分钟早操，四十分钟大课间，保证学生至少有一个小时的锻炼时间。

应该说，晚上九点过就强制熄灯让学生睡觉这一点，就不是每一所学校能够做到的。因为时差原因，我不好简单地比较中国其他地区初中孩子的晚上就寝时间，但至少在四川，现在晚上能够在九点一刻就上床睡觉的初中生，是不多的。而熬夜到十一二点的孩子，则比较普遍。没有充足的睡眠，哪有健康的体质？

那么，北川县永昌中学的教学质量如何呢？好多年来，该校在全绵阳市的教育评价中，其教学质量（包括中考升学成绩）一直没有下过全市（地级市）的前二十名。

作为一个偏远和欠发达地区的初中，这是一个了不起的成绩。可以说，北川永昌中学之所以能有这样骄人的教学成绩，除了得益于刘应琼校长领导的课程开放与课堂改革，更与他们注重孩子的睡眠与体育锻炼有直接的关系。

不少人认为，解放孩子的前提是改革中考和高考，不然，中高考负担没变，无论教师还是家长都不敢给孩子"松绑"。这个说法有一定道理，但还没有说到教育改革的核心。我认为，要把孩子从繁重的课业负担中解放出来，最根本的还在于国家对整个中小学的课程的难度降下来，减少孩子在校的时间。

　　对此，著名教育学者杨东平说得好："真正实质性的减负，有一个很重要的方面，就是把课程课时数、教学的难度、教学的总量减下来。把教育系统工程比喻成一辆车的话，就是要把负载减下去。简单来讲，学生和老师在校时间过长，这也应该属于减负的一个议题。在校学习时间是衡量教育品质的一个非常重要的指标。一些国家，如德国、新加坡等，中小学都是上午上课、下午放假，其课内的教学时间不到中国的一半，但是照样很好地完成了基础教育的目标，而且还是科技强国、经济强国。"

　　我完全同意杨东平先生的观点。

　　把更多的时间还给孩子们吧！让他们去腾跃，去追逐，去嬉戏，去翻滚……只有"文明其精神，野蛮其体魄"，才是真正的教育。

2022 年 3 月 30 日

家庭教育最重要

我曾在家庭教育的报告中说过一句话:"学校教育非常重要,但无论多么重要,都只是家庭教育的重要补充。"

这显然不是我"首创"的观点,也不是谁"发明"的理论。我说的只是常识。

因为是常识,所以我原本没想过要专门撰文阐述——大家公认的常识,哪需专门"阐述"呢?

但不久前,我的一位朋友对此表示不理解。当时我想,也许不理解这个常识的朋友还不止一个。说家庭教育重要,估计不会有人反对;但就重要程度而言,我说家庭教育远在学校教育之上,有朋友就想不通了。所以还是有稍微说说的必要。

我们常常不切实际地夸大学校教育的作用,夸大教师对学生的影响。其实,一个孩子能否成才,和父母有直接的关联。最起码孩子的智力就取决于其父母的遗传基因,这点我们始终不愿意公开承认(虽然几乎所有人都这样想的)。一个孩子优秀与否,首先(我说的是"首先"而不是唯一)是其父母决定的。以品行而言,孩子做人的高下,最重要的是取决于其父母对他的家庭教育。

我曾在一次演讲中说过——

所谓"优生"不全是教师教育出来的,所谓"差生"也不全是学校培养的——注意,我说的是"不全是"。提到傅聪,我们会想到这位钢琴大师的父亲傅雷，而不会去想：他的小学老师是谁？中学老师是谁？傅聪当然是他父母家庭教育的杰作。还有莫扎特，我就不细说了。

可能有人会反驳我："傅聪、莫扎特这样的杰出名人有几个？拿这些个案说事，没说服力。"好，那我们就说说一般的孩子吧！如果一个孩子举止文雅，善良有礼，文质彬彬，富有教养，我们很自然会想，这孩子的家庭教养真好！而不会问："这孩子的班主任是谁呀？"同样，一个孩子举止粗俗，言行不一，满口脏话，不讲卫生，懈怠懒惰……不能说和学校一点关系都没有，但关系实在不太大，而和他家庭教养太糟糕倒有着重要的关系。

关于家庭教育的第一重要性，习近平总书记曾经有过专门的论述。在2015年春节团拜会上，总书记说："家庭是社会的基本细胞，是人生的第一所学校。"注意，"基本细胞""第一所学校"——无论"基本"还是"第一"都说明了家庭教育的"第一重要性"。

许多教育家也论述过家庭教育的重要性远胜过学校教育这个观点。比如，意大利著名儿童教育家蒙台梭利说过："儿童的教育始于诞生时。"

在我有限的视野内，苏霍姆林斯基的相关论述也很充分。

苏霍姆林斯基说："我们的基本认识是，父母、亲属是儿童的最早的教育者；正是在学龄前的几年间，也就是在儿童接受教师的影响开始以前很久，就在他的身上种下了人的一些基本特征的根子。"你看，在儿童接受学校教育之前，儿童的"人的一些基本特征的根子"已经被其父母决定了。

也许有朋友说："你说的是学前嘛，孩子没接触老师，其父母当然很重要了，但进入学校之后呢？"好，苏霍姆林斯基认为，孩子进入学校之后，父母的教育作用依然至关重要："我认为极其重要的一点，就是要使'设计人'的工作不仅成为教师的事业，也要成为家长的事业。"他特别强调，要让"家长们认识到：儿子或女儿首先是向他们学习的，包括学习好的品质和坏的品质"。你们看，哪怕孩子进了学校，依然"首先"是向他们的父母学习。

苏霍姆林斯基在谈到"谁在教育儿童,什么在教育儿童"这个问题时,提到有"六大力量"对儿童成长起作用,第一种力量便来自家庭。其他五种力量分别来自教师、学生集体、本人(自我教育)、书籍和街头结交。在这里,苏霍姆林斯基把家庭教育对儿童的影响力排在诸多教育之首。

他甚至认为,学校教育的效果取决于与家庭教育的一致性,他说:"如果没有这种一致性,那么学校的教学和教育过程就会像纸做的房子一样倒塌下来。"这话通俗地说,就是如果家庭教育不行,那学校老师的教育简直就是"瞎子点灯——白费蜡"!

法国一项社会学研究成果表明,一个人的成长过程中,学校的影响只有15%的作用。也就是说,学校教育与孩子的成长、成功,只有相关性,而没有直接的因果关系。而唯一和孩子成功成长有因果关系的是家庭。这也得到了无数案例的证实——什么样的父母和家庭教育就会塑造什么样的孩子。

著名美籍华人教育专家严文蕃也曾做过一项调查:在学生成长中,学生自身背景因素占80%,教师的作用占13.34%,学校的作用占6.66%。其中学生背景中家庭收入、父母教育水平、父母职业等占60%,学生原来的知识和兴趣等占40%。

可见家境对孩子影响不能忽视,好的家庭教育能成就孩子健康发展的全程。

所以我说过:"父母是孩子最好的起跑线。"这句话的意思是,孩子的一切都是其父母的折射。父母的品质将决定孩子的素养。

北京十一学校联盟总校校长李希贵曾对学生家长谈到学校教育时,这样说:"学校是用来帮你的,因为父母语文挺强,但你不懂数学,所以学校就帮你。因为你要上班没有时间,所以学校就帮你。学校无非起这么一个作用，它没有想象中的那些神奇的作用。"

我完全同意李希贵这几句话。

我们强调家庭教育的第一重要性，是不是就忽略了学校教育呢？或者是不是像有人误解的那样，以为"你这个当老师的，在推卸学校教育的责任"呢？

绝对不是。我不是说了吗？"学校教育非常重要"。当然，紧接着我也说："无论多么重要，学校教育都只是家庭教育的重要补充。"但请注意"重要补充"的"重要"二字。

"重要"到怎样的程度？"重要"到不可缺少——是的，不可缺少！

家庭教育是第一重要的，但家庭教育也有一些力所不逮的地方，需要学校来补充。比如，系统的文化知识传授，这是很多家庭所无能为力的，于是学校就来做这个事；又比如，人的成长还需要人际交往、团队合作，而孩子在家里缺乏集体生活，于是学校为你的孩子提供这方面的资源和情境；再比如，孩子还需要类似于社会环境的那样一种文化氛围和气息，从中受到熏陶和感染，这也是单独的家庭所不具备的，于是学校为你创设这样的背景；还比如……算了，不"比如"了，因为需要的"重要补充"的还很多，难以在此一一穷尽。

你看，我"比如"了这么多学校教育对家庭教育"不可缺少"的"重要补充"，可见我并没有否定学校教育的重要性。但和家庭教育对孩子的影响相比，它毕竟还是排第二位的。而"第一影响"毫无疑问应该是父母及家庭。千万不要用貌似"客观"的"学校教育和家庭教育都重要，二者不可偏废"之类的中庸说法，来抹杀家庭教育的"第一重要性"。

当然"都重要"，但有主次之分。

同样，对任何一个家长来说，除了教育孩子，他还有自己的职业，有许多工作要做，这些都是非常重要的。但和当父亲、当母亲相比，这些职业和工作依然是第二位的。我多次在家长会上对学生家长说过："无论你的职务有多么高，无论你的生意有多么兴隆，无论你的事业有多么崇高，但如果你的孩子没教育好，你的人生就谈不上成功，更毫无辉煌可言！无论你在单位如何被周围的人'张总''杨局'……地奉承，看上去很有'成功人士'的面子，但只要你想到自己的孩子不争气，你内心深处就生出只有你才知道的自卑和难受。"

其实，同样的道理，苏霍姆林斯基说得比我还好——

无论您的工作或生产岗位多么重要、复杂或需要创造性，请您记住，家里还有一项更重要、更复杂、更细致的工作在等着您去做，这就是育人。您的工作可以找人替代，无论您从事的是什么职业——从畜牧场的看门人到部长。而真正的父亲是无可替代的！

2019年10月15日夜

我是如何读一本书的

毫无疑问,教育的品质取决于教师的品质。一位高素质的教师,他和学生相处时的举手投足,都是"素质教育"。而所谓"高素质的教师",就是视野开阔学识渊博的教师。

我一直认为,作为知识分子的教师,读书应该是一种本能。教师之间需要交流的是各自的读书收获,而不是"该不该读书""有没有时间读书"的话题。但很遗憾,我们现在很多时候是在一本正经地讨论读书的重要性、必要性。苏霍姆林斯基曾经批评一些教育者:"在阅读课上,学生读得很少,而关于所读的东西的谈话却很多。"其实,教师阅读何尝不是如此?当然,这也是当代教师无奈的现实状况。在这种情况下,呼吁重视阅读,交流一些读书方法,也并非没有必要。

严格地说,读书是很个性化的事。不同的需要,不同的职业,不同的兴趣,不同的阅历,甚至不同的性格,都会使得"读书"这个行为有差异。所以,个人的阅读经验并不能公式化地推广给所有人。但讨论一下这个话题,至少对年轻老师来说或许有所启发和借鉴。所以,当有人问我"您是如何读一本书的",我还是愿意分享一下自己的心得的。

我之所以会读某一本书,标准只有一个:我是否需要这本书。当然,这里的"需要"包括功利性需要和非功利性需要。所谓"功利性需要",并不是贬义的说法,而是指与我们的职业或生活有关的书,比如教师备课需要读的书,以及为了更好地引领学生的成长而读的有关教育和教育心理学方面的书,这种功利性阅读是必需的。但除此之外,教师还应该有"非功利性需要的阅读",即不是为了眼前的"急用"而读书,甚至这些阅读没有什么"立竿见影"的功效,纯粹就是为了尽可能完整而完美地建构作为一个"人"所应有的精神世界。著名教育学者朱小蔓教授曾在一次讲演中谈到读书的意义时说,读书"有助于人的精神成长的积极的情感。我常常想,人若没有这五彩缤纷、波澜起伏的情感体验,生命是那样干枯、生活是那样暗淡,而有着这些情感充盈的生命和生活是那样让人感到满足、享受和向往"。她进而呼唤:"让读书支撑我们的生命!"

所以,我的阅读选择或者说阅读结构可能和有的老师不一样。以前听过有专家说,教师的阅读结构应该是这样的:教育类50%,教学类30%,人文社科哲学类20%。我差不多恰好是倒过来的:人文社科哲学类50%,教育类30%,教学类20%。所以我读的书很杂——历史、政治、哲学、文学、艺术、科普……虽然杂,可每一本书都是我发自内心想读的。很多年前,办公室的党员教师人手一套《邓小平文选》,有的老师顺手放在办公室书架上,就不看了。后来我说:"你不看,送我吧!"后来我不但通读了,还在办公室"高谈阔论"。同事们无比惊奇:"你不是党员,读这个干吗?"

教师被称为"人类灵魂工程师",那么,这"人类灵魂工程师"的"灵魂"是否饱满充盈,则更多地取决于"灵魂工程师"们是否有尽可能宽广的"非功利性阅读",特别是读教育以外的书。其实,所谓"功利"也是相对的,教育本身就和时代风云、社会发展息息相关。所谓"教育以外的书",实际上直接和间接都和教育有着千丝万缕的联系。我是教语文的,我就深感"非功利性阅读"为我的课堂教学带来了广度、深度。我曾长期当班主任,不是《班主任手册》之类的专业书而是《平凡的世界》《傅雷家书》《风雨中的雕像》《谁生活得更美好》等作品让我和我学生的心灵走向纯净与崇高。所以我曾经在一次青年语文教师的座谈会上说:"我认为,教语文不能就语文论语文，要站在教育的高度打量语文；搞教育不能就教育谈教育，要站在社会的高度审视教育。"

我特别不喜欢甚至反感，别人强迫我"必须"读什么书，推荐是可以的，我有时候读的书，就是别人推荐的。比如十多年前我读的《南渡北归》，就是我的学生推荐给我的；几年前，我读的《教育的目的》就是程红兵向我推荐的。我曾经写过一篇文章《凭什么要我"必读"》，所以现在我参与一些书目的编制，都不用"必读书"的说法，而是"推荐书目"。的确仅仅是"推荐"。

不同的书，我的阅读方法不完全一样。文学作品我基本上是一气呵成，很少在书上做任何勾画，当然，偶尔读到特别美妙的语句也会随手做个记号；而学术著作，我则一边读，一边想，有时候还反复看值得思考或推敲的段落，并自然而然地做些圈点勾画；有的阅读若是为了提取相关的素材或观点，我便重点读相关的部分，其他便浏览；对我心目中的经典，我则反复读，一边读，一边圈点勾画，但我很少写批注，有但不多。我觉得在重要语句下面圈点勾画，比写批注更重要，也更实用——以后要引用相关观点或原句，极容易找到。

我感到，最好的阅读是读一读、想一想、画一画、聊一聊。就是边读边思考，同时情不自禁地用笔在书上画画重点，或自己感悟最深的语句，然后找人交流交流。"聊一聊"也可以是集体活动。前不久一个周末，我和我工作站的一群年轻老师到了成都郊外的一个古镇，在茶楼上就《南渡北归》的阅读展开交流，效果非常好。

对我来说，阅读任何一本书，都是与思考、写作融为一体的。读的时候，我习惯于用批判性思维：这观点是否站得住脚？作者的论证是否严密？论点与论据之间是否符合逻辑？这句话是不是说得有些绝对？……当然，思考也包括联想——由作者联想到自己，由书中的内容联想到自己的生活，由中国联想到世界或相反……在读完一本书之后，我都会把这些思考形成一篇文章。所以我每年几乎都要写 20 万字以上的读书笔记。

　　不少教师爱说"没时间读书"，其实只要真正想读书，就不可能没有时间。可能某段时间的确因为事情太多，你没有来得及读书，但对于热爱书籍的人来说，他一定会设法把耽误的阅读补上的——就像睡眠，就像吃饭。因为对于知识分子来说，阅读，就是我们生命的呈现方式——套用一句名言造个句："我读故我在。"

2021 年 12 月 11 日

怎样才算是把一本书"读懂"了

如何读懂一本书？我的体会是"读到自己，读出问题"。

"读到自己，读出问题"——这八个字是我曾经给历届学生讲过的是否读懂了一本书的标准。这是我个人的阅读体悟，也是我的阅读原则。"读到自己"，是从文本中读到了相似的思想、情感，熟悉的生活、时代……这是欣赏，是共鸣，是联想，是审美；"读出问题"，是从文本中读出了不明白的地方，不同意的观点…… 是质疑，是追问，是研究，是批判。

在读一本书的时候，"读到自己，读出问题"可能同时产生——既读到自己，也读出问题；也可能有所侧重或者只有其中一个——或读到自己，或读出问题。文学作品，可能更多的是"读到自己"，因而不停地感动，甚至热泪盈眶；学术著作，可能更多的是"读出问题"，因而不停地思考，甚至百思不得其解……这都叫读进去了，或者说叫"读懂了"。相反，如果捧着一本书，毫无感情起伏，或一点困惑都没有，只能说没读进去。

有的老师可能会感到不解："读一本书一点困惑都没有，这不正说明我读懂了吗？怎么说'没读进去'呢？"我的体会是，懂是相对的，不懂是绝对的。我钻研得越深，问题就越多，这说明我已经懂了一点了，再发现一点问题，我再钻研，这不又懂了一点了吗？不断钻研的过程，就是不断懂的过程。如果给我一本《血液病学》或《核与粒子物理导论》，我是一个问题都提不出来，为什么？因为我根本没读懂！但给我一本中学任何一个年级的语文教材，我都可以提出许多问题，因为我教了几十年，探究了很多遍，问题当然就越来越多。包括一些经典课文，比如《荷塘月色》《荷花淀》《孔乙己》等，我每备一次课，都会发现一些新的问题，这是因为我钻研得越来越深，也正是我"读懂"的标志。

我以我读过的一些教育著作为例——

读马克斯·范梅南的《教学机智——教育智慧的意蕴》，读到这样的句子："教育学就是迷恋他人成长的学问。"我一下被"击中"了，因为我想到了自己几十年来，看着一批批孩子长大的情景，这的确是一种迷恋。马克斯·范梅南还说："教育学的研究和实践从科学意义上来说永远不可能是'客观的'。"我在心里禁不住地说，是的是的，远离"冷静"与"客观"而充满热情与情感，才是教育的特点。他又说："最好的教育关系是在父母和孩子，或者职业教育者与学生之间的那种孕育了某些特殊品质的关系。对年幼的孩子来说，与教育者的关系远不止是达到某种目的（受到教育或成长）的手段；这种关系是一种生活的体验，具有其本身和内在的意义。在我们的母亲、父亲、老师或其他的成人面前我们体验到了真正的成长和个性的发展。我们与他们的关系可能比友谊和罗曼蒂克的爱的体验具有更加深刻的影响。我们可能会终身感激一对父母或一位老师，即使我们从这个人那里学到的物质性的知识会逐渐丧失其适切性。这部分的原因可能是由于这样的事实：我们从一位伟大的老师那里所'获得'的，与其说是一个具体的知识体系或一组技巧，还不如说是这位体现和代表知识的老师的行为方式——他或她的生活热情、严于律己、献身精神、人格力量、强烈的责任，等等。"读到这里，我拍案叫绝：我想到了我的老师对我的影响，我想到了我和我学生的关系，我想到了我经常对老师们说的："最好的教育莫过于感染。"什么叫"教育的意义"？什么叫"对人的深远影响"？什么叫"把学校教给你的都忘记了，剩下的就是教育"？……都在其中了！

读苏霍姆林斯基《把整个心灵献给孩子》，作者写道："我总是想和孩子们待在一起，跟他们同欢乐共忧愁，亲密无间，这种亲昵感对于教育者是创造性劳动中的一种极大享受。我曾时时试图参与孩子们某个集体的生活：同孩子们一起去劳动或到故乡各地去远足，去参观旅行，帮助他们获得一些不可多得的欢乐，缺少了这种欢乐就难以想象能有完满的教育。"他动情地描述说，他知道孩子们想乘船去一个荒岛探险，"……可是我们没有船，于是我从新学年一开始就攒钱，到了春天，我就从渔民那里买来了两条船，家长们又买了一条船，于是我们的小船队便出发了。"年轻时第一次读到这些段落，我热泪盈眶，因为我想到了自己不正是这样一种心情吗！几十年后重读这些文字，我依然眼睛湿润，因为我想到了我和学生们在峨眉山雪地上的疯狂、在瓦屋山原始森林里的历险、在黄果树瀑布前的欢笑、在成都郊外春天原野上的奔跑……

读陶行知的书，我同样时时感到强烈的共鸣。我感慨于近百年前先生所思考所忧虑所抨击的不良教育现象，居然会在当今中国教育以及我自己的教育中找到——当我们在推崇"生活即教育""社会即学校"时，有多少教育者把学校和社会以及大自然强行分开，以"安全"为由，连春游都取消了？当我们在演讲和论文中，引用"六大解放"的"名言"时，有多少教育者却给孩子加重课业负担，让无数孩子失去了充足的睡眠和健康的身体，以及自由的大脑？……

这就是"读到自己"。

所谓"读出问题"的"问题"包括两类：一类是读者自己不明白的问题，一类是不同意作者的观点，觉得作者有"问题"的问题。这两类问题都是我们一边潜心阅读，一边深入琢磨的必然结果。对于第一类问题，我往往通过反复阅读，反复揣摩，结合相关的专业背景知识和自己已有的知识储备，最后一般都能弄明白，实在不明白的，就在书上注明"存疑"。对于第二类问题，我往往在心里和作者辩论，这当然也需要一定的专业知识和理论。"辩论"的结果，有时候是我输了，我明白是我的理解有错；有时候则是作者的错误。这样研究的态度、质疑的眼光和批判的精神，正是阅读者应该具备的阅读品质。

读陶行知的书，有时候我也遇到"不敢苟同"之处，比如，我感觉先生在强调"生活即教育"时，似乎有些轻视系统的书本知识传授，他特别强调读书要"有用"，说"书是工具"。读到这些论述，我就感到疑惑，甚至觉得有点"反智主义"的味道。但我反复阅读，又结合当时的中国教育现状来看，那时的教育是脱离生活实际的死读书，培养的人都看不起工人农民，甚至反过来压迫民众。我想到杜威的话："我们并不去强调不需要强调的东西——这就是说，有些东西已经很受重视，就无须强调。我们往往根据当时情境的缺陷和需要来制定我们的目的；在一定的时期或一定的时代，在有意识的规划中，往往只强调实际上最缺乏的东西，这并不是一个需要加以解释的矛盾。"我便理解了先生说这些话的特定针对性。虽然我最后并没有推翻先生的观点，但经过这么一番质疑、思考和研究，我对陶行知的教育思想理解得更透彻了。

苏霍姆林斯基是我无比崇敬的教育家，但读他的著作，我也有过两个疑问，一个是他似乎过于相信情感的教育力量而对教育惩罚有所忽视，一个是他对宗教的批判态度。

对第一个疑问，经过反复读他的全部著作（中文译本），我慢慢理解了这位教育家。第一，对孩子的爱、尊重和信任，是他教育的灵魂，他有一本著作的名称正是《要相信孩子》。在这个思想背景下，他的论著中反复强调情感的教育作用，是可以理解的。第二，他也没有绝对反对教育惩罚，他还写过相关的案例，但他一直强调，尽量不用惩罚，即使万不得已必须要用教育惩罚，也应该最大限度地与积极正面的教育相结合，以减少对孩子心灵的伤害。

对第二个疑问，结合苏霍姆林斯基作为一名忠诚的布尔什维克党员，一名坚定不移的共产主义信仰者，以及当时苏联的政治体制，我便理解了苏霍姆林斯基对宗教的看法。一个人很难超越他的时代。于是，我理解并宽容了苏霍姆林斯基。何况，这些富有一定历史背景特色的观点和表述，并不影响苏霍姆林斯基整个教育思想超越时代和国界的真理性。

这就是"读出问题"。

"读到自己""读出问题"，就是让自己与书在精神上融为一体。唯有这样，我们的阅读才真正走进了作者的心灵，因为"从来就没有人读书，只有人在书中读自己，发现自己或检查自己"（罗曼·罗兰）。

2021年12月11日

恳请您读毕淑敏的《谁是你的重要他人》

作为热点新闻，朝阳区小学教师事件已经渐渐冷却，退出了人们的视野，但围绕这件事的思考，至少对我来说，还没有结束。

在讨论这件事时，有一种观点似乎很有道理："那小女孩的心理素质太差，连老师的批评都受不了！""现在的孩子真是，打不得，骂不得，老师稍微一批评学生，便成了'师德问题'，当老师越来越难了！"……这为老师"鸣不平"的观点，还获得不少人点赞。

如此言论之所以引起共鸣，是因为类似那两位老师的行为，在学校太普遍了。动不动就呵斥孩子，重一句轻一句的，也不考虑孩子的心理承受力。老师也绝对没有任何恶意，绝对是为了班级好。"如果这样都不行，哪让我们怎么当老师？"这是不少老师的"委屈"。而且在他们看来，比起老师的"委屈"，孩子的委屈是微不足道的，"我们小时候不也是这样成长起来的吗？"

如果是一个老师粗暴地体罚孩子，也许多数老师都会同情孩子而谴责施暴老师；可是，仅仅因为老师批评孩子语言不那么得体，不那么温和，便受舆论声讨，难免有"物伤其类"之感（注意，我这里是在中性的意义上用这个词的，不含贬义）。

教师无意中的语言失控，真的不会对孩子造成伤害吗？

我想到了以前读过的毕淑敏一篇短文《谁是你的重要他人》。很巧，这次讨论中，也有网友提到这篇文章。于是，我最近又重读了一遍，依然感慨不已。

我想，镇西茶馆的不少朋友是读过这篇短文的，但今天我还是想请大家和我一起重温一遍——

谁是你的重要他人
毕淑敏

长辫子老师站起来，脸绷得好似新纳好的鞋底。她说，毕淑敏，你听好，你人可以回到队伍里，但要记住，从现在开始，你只能干张嘴，绝不可以发出任何声音！说完，她还害怕我领会不到位，伸出细长的食指，笔直地挡在我的嘴唇间。

我好半天才明白了长辫子老师的禁令，让我做一个只张嘴不出声的木头人。我的泪水憋在眼眶里打转，却不敢流出来。我没有勇气对长辫子老师说，如果做傀儡，我就退出小合唱队。在无言的委屈中，我默默地站到了队伍之中，从此随着器乐的节奏，口形翕动，却不能发出任何声音。长辫子老师还是不放心，只要一听到不和谐音，锥子般的目光第一个就刺到我身上……

小合唱在"红五月"歌咏比赛中拿了很好的名次，只是我从此遗下再不能唱歌的毛病。毕业的时候，音乐老师已经换人，并不知道这段往事，很是奇怪。我含着泪说，老师，不是我不想唱，是我真的唱不出来。

后来，我报考北京外国语学院附中，口试的时候，又有一条考唱歌。我非常决绝地对主考官说，我不会唱歌。

在以后十几年的岁月中，长辫子老师竖起的食指，如同一道符咒，锁住了我的咽喉。禁令铺张蔓延，到了凡是需要用嗓子的时候，我就忐忑不安，逃避退缩。我不但再也没有唱过歌，就连当众演讲和出席会议做必要的发言,我也是能躲就躲,找出种种理由推脱搪塞。有时在会场上,眼看要轮到自己发言了,我会找借口上洗手间逃溜出去。有人以为这是我的倨傲和轻慢,甚至以为是失礼,只有我自己才知道,是内心深处不可言喻的恐惧和哀痛在作祟。

直到有一天,我在做"谁是你的重要他人"这个游戏时,写下了一系列对我有重要影响的人物之后,脑海中不由自主地浮现出了长辫子音乐老师那有着美丽的酒窝却像铁板一样森严的面孔,一阵战栗滚过心头。于是我知道了,她是我的"重要他人"。虽然我已忘却了她的名字,虽然今天的我以一个成人的智力,已能明白她当时的用意和苦衷,但我无法抹去她在一个少年心中留下的惨痛记忆。烙红的伤痕直到数十年后依然冒着焦煳的青烟。

我们的某些性格和反应模式,由于这些"重要他人"的影响,而被打上了深深的烙印。那时你还小,你受了伤,那不是你的错。但你的伤口至今还在流血,你却要自己想法包扎。如果冒着污浊的气味,还对你的今天、明天继续发挥着强烈的影响,那是因为你仍在听之任之。童年的记忆无法改写,但对一个成年人来说,却可以循着"重要他人"这条缆绳重新梳理,重新审视我们的规则和模式。如果它是合理的,就把它变成金色的风帆,成为理智的一部分;如果它是晦暗的荆棘,就用成年人有力的双手把它粉碎。

当我把这一切想清楚之后,好像有热风从脚底升起,我的咽喉处的冰霜噼噼啪啪地裂开了。一个轻松畅快的我,从符咒之下解放了出来。从那一天开始,我可以唱歌了,也可以面对众人讲话而不胆战心惊了。从那一天开始,我宽恕了我的长辫子老师,并把这段经历讲给其他老师听,希望他们谨慎小心地面对孩子稚弱的心灵。童年时被烙下的负面情感,是难以简单地用时间的橡皮轻易擦去的。

其实,当时小学生毕淑敏感受到憋屈,不过就是因为音乐老师一句话和一个动作。那句话就是:"毕淑敏,你听好,你人可以回到队伍里,但要记住,从现在开始,你只能干张嘴,绝不可以发出任何声音!"而那个动作则不过是:"伸出细长的食指,笔直地挡在我的嘴唇间。"

这句话有一个字有侮辱孩子的意思吗?没有,连批评的意思都没有。老师不过是提出了一个合理的要求,请毕淑敏唱歌时不要发出声音。她有恶意吗?没有。老师不过是为了整个小合唱的集体效果而已,作为"小我",毕淑敏不应该服从于集体这个"大我"吗?

音乐老师那个动作有问题吗?没有。既不是苏霍姆林斯基笔下所批评的那位老师对学生甩出的表示轻蔑的手势,也不是侮辱性的动作,更不是体罚的行为,不过就是把她的要求形象地解释了一下而已。

总之,站在教师的角度,即使放在社会对教师素养越来越苛求的今天,毕淑敏记忆中的这位音乐老师也没有违反师德,也没有触犯任何教师职业规范。

然而,这看上去无可厚非的一句话和一个动作,却让毕淑敏有了"内心深处不可言喻的恐惧和哀痛",以至于"在以后十几年的岁月中,长辫子老师竖起的食指,如同一道符咒,锁住了我的咽喉"。

我们能批评毕淑敏"心理素质太脆弱"吗?

当然不能,理由只有一个,且有这一个理由就足够了——

因为她是孩子。

作为一名出色的医生、著名的作家,年近70的毕淑敏已经拥有辉煌的人生。有人可能会说:"这不正得益于她当年所受的'挫折教育'吗?那个音乐老师何尝没有锻造毕淑敏坚强的心灵呢?"

但请不要忘记,毕淑敏在医生和作家之外,还有第三个同样耀眼的身份——优秀的心理学家。她是注册心理咨询师,以疗愈人的心理创伤而取得内科主任医师和专业作家以外的成就。她治愈的第一个心灵受伤的人,便是她自己。

而受到的来自教育(老师和家长)伤害的孩子中,有几个毕淑敏?

尽管现在的毕淑敏,在记录下当年心灵受伤的经过时已经平静而从容,可她也说:"今天的我以一个成人的智力,已能明白她当时的用意和苦衷,但我无法抹去她在一个少年心中留下的惨痛记忆。烙红的伤痕直到数十年后依然冒着焦煳的青烟。"

当然,仔细比较,少年毕淑敏所感觉到的委屈,与最近朝阳区某小学那个捂耳朵的小女孩所受到的呵斥,具体情况不完全一样,但是,注重班级的利益,而忽略班集体中每一个具体孩子的尊严,这不但是毕淑敏的那位音乐老师和朝阳区某小学两位老师的共同点,也是为数不少教师心中理所当然的"大道理"。

集体高于一切,个人必须无条件地服从集体,集体是目的,个人是手段……这些多年来,统率着我们"教育"的灵魂。面对崇高的集体,无论是毕淑敏的唱歌不合调,还是那个小姑娘的捂耳朵,都是无法容忍的,为了集体,必须"抹去"她们的存在。

现在有一个使用率非常高的时髦用语——"不忘初心"。那么,教育的初心是什么?我想,除了孩子,没有其他。

我再次想到了伟大的苏霍姆林斯基。针对马卡连科在《教育的目的》一书中,把集体当作"教育的第一目的",把人看作是"螺丝钉"的观点,苏霍姆林斯基发表了《前进》一文。在这篇文章中,苏霍姆林斯基提出:

"如果把集体作为目的，那么教育一开始就是残缺的教育，教育者就只会关注集体，关注其组织结构及内部的领导和服从的关系，即关注积极分子的培养，关注怎么善于领导，怎么教会服从。此时，教育者就可能把每个活生生的学生及其精神需求置于视野之外，就往往会忘记真正的教育真谛：教育的目的是人，是全面发展的个性。"

不用我多解释了，苏霍姆林斯基已经说得非常清楚，且无比精辟。

说来说去，无非一个非常朴素的常识：教育的起点是孩子，终点也是孩子；所有真正的教育，都是从孩子出发，最后抵达孩子。

这才是教育的初心。

我愿意和毕淑敏一起，恳求呼吁包括教师和家长在内的所有的教育者："谨慎小心地面对孩子稚弱的心灵。童年时被烙下的负面情感，是难以简单地用时间的橡皮轻易擦去的。"

2022 年 1 月 23 日

一线普通老师如何写出能够正规出版的书

从某种意义上可以说,教育的本色其实也取决于教师的本色,这个"本色"即教师的素养,当然也就包括写作。出版著作是教师写作的重要动力,虽然不是唯一的动力,但如果老师们的文字能够出版成著作,这是一种自身的价值体现。

自从1994年出版第一本专著《青春期悄悄话——致中学生的100封信》以来,我已经陆续出版了80多本书,如果包括与人合写或主编的书,估计上百本是有的。

于是经常有读者问我:"怎样才能写出能够正规出版的书?"

这里有两个关键词:"写出""出版"。所谓"写出"就是自己的原创,而不是"剪刀加糨糊"(现在是"复制加粘贴")的拙劣拼凑,或巧妙"洗稿"。所谓"出版"指的是正规出版社的出版,而不是自费出版。

有的老师也许会说了:"你是著名特级教师嘛,当然很牛,又不包销,还有稿费。一线默默无闻的老师,哪会有这样的好事,我们掏钱能够让出版社出版,就喜出望外了。"

可是,1994年出版第一本书的时候,我哪"著名"了?

好,那我就来说说今天的正题:普通老师如何写出能够正规出版的书?

这里面有四个要素缺一不可:鲜活的实践,充沛的情感,独到的思想,得体的表达。

第一，鲜活的实践。

一定要记住，对大多数老师来说，教育写作不是胡编乱造，而是忠实于自己的生活。那种闭门造车、东凑西拼的"理论著作"，不是发自我们内心的东西，就算你写出来，可能也无人问津。

我强调鲜活的实践，就意味着我们的书其实是贴着地面"做"出来的，而不是脱离实际"想"出来的。这里的实践，包括我们的课堂，我们的班级，我们与学生的交往，我们每天看似细碎实则充满教育意义的琐事。当然，每一件事都蕴含着"人"的因素，尤其是人（学生）的心灵，而这正是教育之所在。因此，情趣盎然的校园，天真活泼的孩子，可以成为我们写作的源泉；一筹莫展的难题，屡教不改的顽童，同样可以成为我们记录的素材。平淡无奇的日子，很难使我们心潮澎湃，而跌宕起伏的教育故事却能够让我们激情燃烧。

别看校园生活每天都差不多，无非备课、上课、批改作业、找学生谈心、处理突发事件……但对真诚热爱并乐于研究教育的人来说，每一天都是新的。比如，面对一个后进生，无论多聪明的教育者，也无法预料明天他会给自己惹什么祸事。也正是在这个意义上，我说过："教育，每天都充满悬念！"这里的"悬念"，主要就是我们通常所说的"教育的难题"。期待着每一天的"悬念"，进而研究、解决并享受解开"悬念"后的喜悦，然后又期待着下一个"悬念"……如此周而复始，这便是教育过程的无穷魅力！

所以，希望写出自己教育著作的老师，首先要热爱生活，研究教育。校园、教室、课堂——这是你写作不可缺少的宝藏所在。离开了教育生活的实践，永远写不出有生命力且吸引读者的书。

第二，充沛的感情。

一个老师，只要他每天都上班，自然就是实践，可为什么很多人工作了几十年，其实践不可谓不丰富，却一个字都写不出来呢？

那是因为他没有被自己的教育所打动。写作总是因为被生活打动。被生活打动了倒不一定就能写出东西,但没有被生活打动,肯定一个字都写不出来。这就涉及教育情感与职业认同了。不愿当老师,或者被迫当了老师可心里一直觉得怀才不遇,对教育丝毫谈不上有感情,每天除了牢骚满腹,对职业没有一点积极的热情,这样搞教育,怎么可能被教育打动?没有被教育打动的心,哪来的写作冲动?

一个写作者,首先是一个心中随时澎湃着激情的人,一个特别容易被感动的人,一个经常都情不自禁热泪盈眶的人。早晨在通往学校的路上,他会为迎面升起的一轮太阳而怦然心动;走进校园面对孩子们向他问候"老师好",他会感到迎面吹来了凉爽的风,然后自然而然地向孩子们认真回礼:"同学们好!"站在讲台上,看到下面几十双清澈明亮的眼睛凝视着自己,他会觉得眼前一片星辰大海;即使他已经对教材烂熟于心,但每一次备课都会有新的发现和感悟,因此而心情舒畅;春天,和孩子奔跑在田野上,看着手中牵着的风筝在蓝天写诗,他会觉得自己回到了童年……我们的教育生活当然不只是阳光灿烂和春风扑面,还有阴云密布甚至恶浪滔天,它们都能激起我们正义的情感和研究的兴趣,都是我们写作时所不可缺少的素材。

教师不一定"多愁"但一定要"善感"——善于感受生活、感动生命、感悟生长,唯有这样,教育写作所需要的情感才会澎湃。

第三,独到的思想。

我这个比喻也许不恰当,但我还是愿意说说。对一篇文章而言,如果内容是其骨骼,情感是其血肉,那么思想就是其灵魂。没有灵魂的文字,就没有生命。

我这里特别强调思想的"独到",即决不人云亦云,更不迷信他人,而是善于独立思考,严肃研究,真诚感悟,忠实于自己的心灵。所表达的观点，不一定成熟，但绝对属于自己的内心。当然不拒绝向别人学习，但所有的吸收最后都必须结合自己的实践化作自己的思想。

有独到思想的人，总能在别人司空见惯或视若无睹的地方，发现不正常的现象。举个例子：每次学校开大会，所有人的发言几乎都是这样开头："尊敬的各位领导……"大家也习惯了，可很少有人想到，一个学校，所谓"领导"不过几个人，而占主体的是上千的学生和上百的老师，为什么不先说"可爱的孩子们、亲爱的老师们"然后再说"尊敬的各位领导"呢？如此司空见惯却并不正常的现象比比皆是，可怕的不是这些现象的存在，而是大家已经习以为常了。

一个写作者同时也是一位思想者。拥有自己自由大脑的人，他的眼睛会格外明亮而犀利。面对同样的人和事，独立的思考之光会照亮许多别人看不到的地方，或者说，他会站在一般人达不到的精神高地去观察和琢磨周围的世界，进而有自己独特的认识和发现，并将这些认识和发现表达出来。

一个人拥有独到的思想，标志着他求真的思维依然敏锐，关注的视野依然开阔，批判的力量依然犀利，求真的信念依然强大，表达的勇气依然无畏！

哪怕你写的并非理论，而是你自己和学生的故事，可这些故事所蕴含的思想必然会通过人物和情节，散发出一种精神之光。

第四，得体的表达。

说实话，写到这里，我对用什么来做"表达"的定语，颇费思量。"优美的表达""严谨的表达""流畅的表达""生动的表达"……都不恰当。最后我选定"得体的表达"。

表达，包括构思、语言、框架等组成文章或书籍的写作要素。所谓"优美""严谨""流畅""生动"云云，都只能描述诸多因素之一，而不能统领所有写作要素。而我认为,"得体"勉强可以。

所谓"得体",就是适当,吻合,恰如其分,刚好匹配。所谓"表达"无非形式的选择与运用。那么,你的构思、语言以及整篇文章或整部书的框架是否恰如其分地与你要表达的内容吻合或匹配,至关重要。

固然,说理有说理的范式,抒情有抒情的风格,叙事有叙事的特点,但文章并非死板僵硬地一成不变,没有什么"必须怎样写""不能怎样写"。但是,一定要得体。说理时偶尔来几句诗词,抒情时间或写几个画面,叙事时不时插几段议论……都是可以的,只要自然。但该肃穆的时候你却煽情,该轻松的时候你却沉重,该严肃的时候你却幽默……就不可以,因为不得体。

我的第一本书《青春期悄悄话——致中学生的100封信》,最初并不是为出版著作而写,而真的是给中学生的回信。所以写的时候,我自然会考虑,如何用对方能够接受或者说能够明白的道理和语言来写。每次回信都这样想,呈现在纸上的信自然就真诚、流畅、朴实。这就是得体,"得"特定的读者(中学生)之"体"。

后来我将几百封信整理选择出100封,结集出版后,受到欢迎,也就是情理之中的事了。

无论结构还是语言,写作的大敌是虚假、做作、生硬、晦涩;相反,最得体的表达,就是真实、自然、朴实、流畅。

上面所写,纯属我个人体会最深的四点,其中我认为最难的是第三点和第四点。思考的习惯和思想的深度,不是一朝一夕所能形成的。结构的自然和语言的流畅,更非一时半会所能学会。这都需要长期的训练与锤炼。

经常有网友跟我联系,希望我给他的书稿推荐出版社。他们总以为,我出版那么多的书,有"门路"。其实,发自内心地说,我的所谓"推荐"真的没起多少作用。我也推荐过几本书稿,所投递的出版社我都很熟悉,有的社长和我还有很深厚的情谊，但迄今为止，没一本书稿因为我的推荐而获得出版。所有出版社都要考虑一个现实问题：这书能不能卖出去。而"卖出去"的关键就是书稿的质量要高。

如果你的书稿真正有质量，是不愁找不到"婆家"的。

有老师会说："出版社怎么会知道我手里有好书稿呢？"

这个问题在过去的确是一个问题，你把书稿捂在怀里谁知道？但今天却不是一个问题了，很简单，你可以先自己给自己发表——建微信公众号，在自己的公众号上发文章是不需要任何人批准的，而且如果文章好，还有稿费——打赏啊！当你的文章因为质量高而读者多，必然会有影响，这就自然会吸引报刊和出版社编辑，到时候，有人给你约稿，你可千万不要感到惊讶啊！

曾有位江苏小学数学老师，就是通过写公众号而引来三家出版社约稿的这样"意外"地出版作品的。

还有不少默默无闻的老师出版了作品。这些老师虽然没有"名气"，但凭着书稿本身的高质量，出版社当然愿意出。

真正受欢迎的书，大多不是为写而写，而是水到渠成的结果。有些人一想到要写书，便想到"理论依据""结构框架""原创模式""创新特色"……而且还要迎合各种"新潮理论""热点话题"，比如最近写文章，可能就得贴上"双减""元宇宙""新课标"等标签。如此这般，多半写不出好书，就算通过各种途径出版了，也不会有太多的读者的。

2020年疫情防控期间，我宅在家里整理书房，发现了太多的尘封已久的"文物"：学生的来信、当年和他们一起照的合影、我的班主任工作日志、几十本备课本、给他们读过的小说（里面还夹着他们的借条）……一个一个鲜活的形象与名字，一下让我回到了几十年前，我心潮澎湃。他们后来怎样了呢？他们现在如何呢？我便在网上和许多学生联系，通过微信聊天。结果，一个调皮大王现在是省足球教练，一个当年的学霸现在是飞行员，一个自卑的小姑娘现在是一名摇滚歌手……每一个孩子的故事都是传奇。我激动不已，便写他们的故事，一口气写了36个学生，每一个学生的人生道路都不相同，但我从他们不同的成长经历中悟出一个道理：每一个孩子，不管他在学校表现怎样，成绩如何，他的未来都有一百种可能！写完一篇便发在镇西茶馆。后来漓江出版社编辑读到后，非常感动，给我联系，要给我出书。于是，《教育的100种可能》出版了，而且引起强烈反响。

而这样的书，一线老师是完全可以写出来的，并且一定会有出版社愿意出版的。

不信？你试试吧！

2022年5月18日

教育写作是为了什么

我想把教育写作者大体分为三类。

第一类是本来就热爱写作，而且多少有点写作天赋的教师。比如我，从小就喜欢写作，无论小学、中学，还是大学，我的作文都比较突出，经常被老师作为范文在班上读。所以后来我参加工作后，非常自然地将写作融入我的工作，每天都自然而然地记录我的教育。那时候没有想过什么"通过写作促进专业成长"，但我几乎每天都在写。说实话，那时的写作一点功利色彩都没有，没想过发表，更没想过出书，纯粹就是一种每天都要洗脸刷牙吃饭睡觉一样的习惯。但在日复一日的写作中，我自然而然地有了思考，对每一个教育行为的思考，包括剖析与反思，这一切毫无疑问会反过来影响我的教育行为，久而久之，我感觉自己的教育更加从容了，或者说，自己更加富有教育智慧了。这不就是成长吗？随着岁月的流逝，水到渠成，我自然而然就出版了几十本著作。这是教育对我的馈赠。

我团队的李迪，她是郑州工业学校的音乐老师兼班主任，也是天生热爱文学，且有写作天赋，和我一样，边教边写，也出版了不少著作。包括我在内的这类教师的特点是，把文学梦托付给教育，同时在文学中获得教育成长。

第二类以前并不喜欢写作，也不觉得自己擅长写作，但是写着写着，发现自己还行。比如著名语文特级教师管建刚老师，他一再说从小就不喜欢作文，是后来参加工作时慢慢爱上或者说习惯于写作的。这种情况就是我前面说过的,通过写作发现自己。如果说我是先恋爱后结婚,即先热爱写作,然后坚持写作;那么管建刚算是先结婚后恋爱,即先写起来再说,写着写着就爱上写作了。

由此我还想到我团队另一个老师,就是南京芳草园小学的郭文红,她是我们新教育的个体户,曾经在栖霞年会上做过大会分享的。她是和李迪同一批于2007年底拜我为所谓的"师"的,当时我就曾对她说,要向李迪学习,拿起笔记录自己的教育,你做得很好,还要写得很好。但她总是不自信,说自己教数学,没有写作天赋。直到2000年,她加入新网师,才被动地勉强地开始了写作。

她开了一个公号叫"朴素小屋",刚好她新接了一个一年级的班,于是每天都记录自己的教育故事,里面包括特殊孩子转化、家校合作技巧、班级管理智慧、儿童沟通艺术,等等。每篇文字大多是千字文,夹叙夹议,很受欢迎,读者越来越多。开公众号仅仅三个月,就有三家出版社不约而同地联系郭老师,说要给她出书。当时郭老师很惊讶,问我:"我这些文章能够出书吗?有价值吗?"我说:"出版社是要拿去赚钱的,你这些文字没有价值他们会主动给你出书吗?"后来长江文艺出版社为她出版了《给一年级家长的建议》,很受家长们欢迎。

我讲这个故事就想说明,坚持写作的过程,其实也是一个不断发现自己,或者说挖掘自己潜力的过程。无论是管建刚,还是郭文红,他们现在都是全国名师了,而他们的"名"在很大程度上是"做得好"基础上的"写得好"带来的。而他们当初都不知道自己潜在的写作能力甚至天赋,那么,如果不是坚持不懈地写作,他们可能到现在都只是一名勤勤恳恳但默默无闻的普通老师而已。当然,一辈子默默无闻也不可耻,问题是能够成为名师为什么不去努力呢?我在想,如今在我们中国的校园里,还有多少默默无闻的管建刚和郭文红等着他们自己去发现自己啊!

第三类是谈不上多么热爱写作,但知道写作有助于教育成长,于是坚持写作,尽管一本书都没有出版,甚至很少有文章发表,但却通过教育写作获得了实实在在的成长。我经常在想,教育写作的目的是什么?是为了出版著作吗?可全国那么多的老师,能够达到出版水平的教育作者毕竟是极少数。那如果不能出版,所写的教育文字都白写了吗?当然不是。回头看我八九十年代写的教育文章,包括故事和案例,绝大多数都没有发表,也没有达到发表水平,但正是这些文章的写作,促使我剖析自己的教训,总结自己的经验,提炼自己的智慧……慢慢地,我就变得聪明起来。所以,我要说,教育写作的根本目的,不是发表,而是反思。反思即成长。

常州武进区人民路小学的王晓波老师坚持写作那么多年,一直没有出版著作,但她依然持续不断地在其微信公众号"遇见猫的国"上记录自己的班级教育故事。她虽然也没有正式出版什么著作,但通过写作,她让她的孩子们享受了新教育幸福完整的教育生活,她的班级被评为全国新教育"十佳完美教室",而她也获得了"全国新教育先进个人"称号,由普通老师成长为一名优秀的校长。

王晓波老师的成长经历告诉我们,对教师而言,仅仅有写作也不会获得成长,教师的成长还应该有丰富的实践、广博的阅读和深刻的思考,反之,如果仅仅有实践、阅读和思考而没有写作,教师同样不可能有完整的成长。关于教师成长,我曾说过要有四个"不停":不停地实践、不停地思考、不停地阅读、不停地写作。而对不少老师来说,比起实践、思考和阅读,写作是最难做到的。但写作,是打通从优秀老师到卓越老师的"最后一公里"。如果一个老师只是做、思、读,他做的经验、思的收获和读的感悟,不过是瞬间的烟云,随风而散;如果他能够坚持写作,那么不只是他的做、思、读的成果能够凝固在纸上,成为自己成长不可磨灭的清晰印记,他在写的过程中还会有"二次收获"。因为写作不仅仅是客观的记录,还伴随着反思、提炼、梳理、总结、升华……模糊的变得真切，纷乱的变得清晰，被动的变成主动，偶然的变成必然。

  对一个教师而言，我曾经还有一个也许不那么准确的比喻：实践是双腿，思考是大脑，而阅读和写作则是双臂。不能说不写作的老师就一定不是好老师，但至少不是一个完整的好老师。愿我们每一位老师都能成为幸福完整的好老师！

2022 年 7 月 9 日

我是这样对待家长送礼的

一

不止一个朋友问我:"李老师,肯定有学生或者家长给您送过礼,您收过吗? 或者您是怎么处理的?"

我想到自己几十年教书生涯中关于"礼"的一些经历,今天愿意坦诚地和大家说说。

镇西茶馆中的许多读者都是我历届学生,如果我说了假话,那在他们心中,李老师绝对"人设崩塌"。我所写的都是真实的。

应该说,刚工作的 20 世纪 80 年代,民风淳朴,后来的所谓"送礼之风"还远没形成。那时候也没有人提醒我"老师不能收礼",更没有各种各样的"师德师风教育"。但我以很朴实的想法约束了自己的行为:自己所做的一切都是职务行为,不应该获取职务以外的东西。

当然,所谓"约束"也不是我要经常这样提醒自己,而是这种想法成了一种自觉,没想过要从家长那里得到什么,所以自然而然地就不存在所谓"收礼"的问题了。

如果说,这在今天被称作"自律"的话,那么我们那个时代的绝大多数教师,应该都是这样的。谁都不觉得这是什么"崇高师德",都认为:"这不都是应该的吗?"

当然，有时候我可能做得稍微"过分"了点。

刚大学毕业，我教一个班的语文同时担任班主任。有一天我跟班长在办公室聊了很久，天已经黑了，我便用自行车送他回家。到了他家，他父母非常感动，非要留我吃饭，给我下了一碗面条。我推脱不过，吃了这碗面。第二天，我拿出三角六分钱和四两粮票交给孩子，对他说："交给你爸爸妈妈，谢谢他们！"

那是 20 世纪 80 年代前期，没有"教师职业道德规范"，没有"八条规定"，没有"一票否决"……这些后来的"发明"，当时听都没听说过，也不会想到后来有这么多的"从严治教"。但我们——注意，我再次强调，不只是我，而是"我们"——就那么"严于律己"。

后来，这位班长的父母对我当然不高兴，开家长会时见了我完全没有了以前的热情，明显冷淡了许多。我显然得罪了这位男生的家长。后来我自己都觉得自己有点"较真"了。但我想：得罪了又怎样，他们会妨碍我上课吗？会影响我领工资吗？这样一想，我也就释然了。

二

我这种"过分"甚至延续到了后来。

1992 年的样子，那时候我还是一个人在成都工作，住在学校的一个五六平方的小阁楼上。有一天晚上，一位女生的父母来看我，带来了一瓶酒送我。第二天，我将这瓶酒用报纸包装好，交给那位女生："这是你妈妈托我找一位名中医开的药酒，专治风湿。"因为头天晚上聊天时，我知道她母亲有风湿症，所以，我这个"谎言"堪称"天衣无缝"，女生不但接过了酒，还说代她母亲"谢谢"我。这位女生的父母很豁达，后来和我关系一直很好。

大概是，不，确定就是1996年的一天晚上，一位母亲敲开了我的家门，送我两套当时还算豪华的睡袍，一套送我，一套送我爱人，她说是"为了表示感谢"我对他儿子的教育。这位母亲是开服装店的。人家专门送来，我不忍打她的脸，当即收下了，口头表示感谢。第二天，我将这两套睡袍包装好，把他儿子请到办公室交给他："这是你妈妈托我在上海的同学为她买的新款式的服装样品！"这样巧妙地将睡袍完璧归赵。后来，这位母亲见了我很是尴尬，以后我们之间的关系也不冷不热。但我无所谓。

类似的情况不多，但肯定不止这几次。只是因为这几件事比较有戏剧性，所以我印象很深。

再后来，特别是进入21世纪以后，送礼之风日渐浓厚，可给我送礼的家长却越来越少了。因为我每带一个新班，总是会在第一次家长会上明确说："严禁任何家长对我有任何表示！"我特别说明："将来三年，你们将见证我是怎样一个人。千万不要担心我对你的孩子冷落了，不会的，只要是我的学生，我都会关照的。"我还略显幽默地说："如果哪位家长希望我冷落他的孩子，可以通过送礼来表达这个愿望。只要我收到你的礼物，我就明白了，哦，你希望我冷落你的孩子。"下面顿时一片笑声。

2008年8月31日，我当校长兼任班主任接手了一个新班。在家长会上，我说了这么一番话："我当班主任期间，严禁任何家长给我有任何表示！我希望未来三年，我们彼此都不要失去相互之间的敬意。这话怎么说？打个比方，再过十天就是教师节了，如果有家长不听我今天打的招呼，非要提着礼物到我办公室，或到我家里，你进门的一瞬间，我就失去了对你的敬意，因为我觉得你太势利，不就是因为我是你孩子的班主任吗？不就是因为我是校长吗？你不就是想让我更多地关照你的孩子吗？当然，也许你会解释，不不不，李老师，你想多了，我就是作为朋友来看你，朋友之间送点礼不很正常嘛？好，那我问你，既然是朋友，为什么你去年不给我送礼呢？以前也没见你给我送过礼嘛！可见还是因为我的班主任和校长的身份嘛！接下来，你可能硬磨软缠要我收下礼物，结果我可能真的心软了，一边接过礼物，一边说'下不为例'，但我从你手中接过礼物时，那一瞬间，你会想，咦？你不是说你不收吗？十天前的家长会上你那么信誓旦旦的，结果你还是收了。你们看，此刻，你对我的敬意也荡然无存。"所以，这个班后来没一个家长给过我半点"表示"，他们不会，也不敢。

三

这么说来，几十年来，我真的就那么"干净"吗？

也不是。

我一直保持着家访的传统。20世纪80年代骑着自行车挨家挨户家访。记得有一年暑假，我骑车到了郊外农村学生文丽的家里家访，她母亲给我煮了一碗糖水荷包蛋，我就吃了。前年见到已经年过五十的文丽，我还提起这件事："我至今记得我坐在你家院子里，头顶上是茂盛的竹叶，你妈妈端给我一碗荷包蛋。"当时我为什么要吃而事后并未付钱呢？因为这是当地的风俗，家里来了客人总得送上一碗荷包蛋，相当于泡一杯茶。你喝了别人的茶，总不可能事后付钱吧？但是，这事如果放在今天，那肯定是"吃"了家长的了。说得清吗？

我在《爱心与教育》里写过一个叫周慧的孩子。她高一进校第一天晚上就病了，我背着她上医院，后来她又要做手术，而她家在几十公里以外的乡下，父母不可能来。于是我代他家长签字同意手术。出院后，他父亲来看我，四十多岁的汉子流着眼泪感谢我。他从家里拎了一只鸡给我，一定要我收下。我收下了，而且还吃了。三十年后的2018年8月，已经在德国一所大学教书的周慧专程赶回来，听我退休前的"最后一课"。按今天的

"标准"，无论是我夜里背着一个女生，还是收下她父亲送的一只鸡，都足以被"举报"，够我"喝一壶"的。

还有一些家长的礼物，我推不掉，只好变通处理。比如，有农村家长给我送来一箱自家种的橘子，我就拿到班上去请同学们一起享用。这样的情况不多，但也不是个别。

我之所以在"收礼"这个问题上做得比较"绝"，不是因为我多么高尚，而是因为我心里有一个信念：不想因为在物质上和学生家长有什么牵扯而妨碍我的工作。换句话说，我之所以要尽可能谢绝家长的礼物，是因为我想保持一份敢于向家长说"不"的勇气和底气！比如，你要我安排你孩子坐前排吗？不，按规则他该坐哪里就坐哪里，我不欠你什么！你要我照顾你孩子当三好生吗？不，选了谁就是谁，我不欠你什么！你要我暗中帮助你孩子保送上大学吗？不，按标准按公开的程序，该谁上就谁上，我不欠你什么！

我认为，一个教师，或者说，一个知识分子，应该有这样的风骨，不要为一顿饭，或一瓶酒，就丧失了自己的尊严。学生家长请你吃了饭，表面上对你毕恭毕敬，好像你参加了他的宴席，是给了他天大的面子，其实说不定他在心里想，哼，我一顿饭就把这家伙搞定了。

四

与收礼相关的还有请家长办事。这点，比起不收礼物，我做得不够好，但我觉得自己也不是俗人，只能这样。每带一个班，在第一次家长会上我都会给家长说："我不会找你们办私事，至少你们孩子在我班上时不会找。但有两点例外：第一，班里的事或活动，需要你们帮忙，我还得请你们。第二，我或我家里人看病，我得找你们。"

班里的哪些事我要找家长呢？比如春游派车，我会找在运输公司担任领导家长帮忙，至少在价格上可以优惠，甚至免费。还有，我班毕业时我给他们编的毕业纪念册，也是请家长帮忙联系印刷的。还有其他类似的事，我也经常找家长。

看病，我就说在明处，要找家长帮忙。一来为了省去挂号排队之类的时间，让我快去快回。二来找"好一点"的医生，心里也更加踏实。比如，我女儿出生，我就找的是当时我班上一个孩子的母亲，她是护士长。有一年，我女儿脚患甲沟炎，也是请我班上一个女生的妈妈看的。

这些做法，以今天的标准，可能都"违规"了，可见我并非那么绝对的"干净"。

但总体上说，我还是比较"干净"的。而几十年来，学生对我是太好了。我至今记得，1985年的初87届1班和1990年的高90届1班的学生，在语文课上以突然袭击的方式给我庆祝生日——其实他们都不知道我生日是哪一天，他们是根据他们的推断给我选择了"生日"。当年送我的一些礼物：影集、笔记本、钢笔、贺卡……有的我保留至今。还有一次，初2000届3班的孩子在教师节给我折了许多千纸鹤，装了满满的一盒子，我保留至今。

为了感谢学生们对我的爱，我唯有努力工作——不然我就没有良心，我还尽可能回馈他们的礼物，这就是我为什么要给历届每一位学生赠送生日礼物的原因，哦，也不对，不是"历届"，我的第一个班初84届1班就没有，因为刚教他们还没想到这一点。以后教历届学生，我都会把学生的生日打印出来，贴在我家里写字台旁边的墙上，随时提醒我。每到学生生日那天，我会送上一个礼物。这也是过了几十年，我至今仍记得许多学生生日的原因。前几天在87届1班的群里，我祝贺该班学生今年五十大寿，随口说出了几个学生的生日，他们惊呼："李老师有超强大脑！"

五

我给学生的生日礼物多数时候都是赠书,往往是针对不同学生的特点而赠送不同内容的书。

刘令喜爱现代革命史,他得到的礼物是一本《长征:前所未闻的故事》;我希望程桦战胜自己,便赠给他一套《约翰·克利斯朵夫》;潘芳奕爱好古典文学,我便送他一套《红楼梦》;彭艳阳思想纯正、为人善良,我送她一本《傅雷家书》;雷磊酷爱数学,我送的便是《数学思维训练》;杨鸣明喜欢哲学,我送他《通俗哲学》;范晓靖喜欢军事书籍,我便送他一本《孙子今译》……

进入 20 世纪 90 年代,书价猛涨,我的经济能力有些承受不了,便改为赠送笔记本,并在笔记本的扉页上写一段热情勉励的话或一首小诗。这里,我摘录几则我所教的成都玉林中学高 95 届 1 班学生进入高三学年时,我写在一些学生生日礼物上的祝词——

翔威:今天你进入 18 岁男子汉的行列了,同时,你的肩上也就有了男子汉的使命——对自己的前途,对祖国的未来。祝贺你,更希望你——翱翔万里,威震四方!

刘攀:在高三冲刺的日子里,你进入 18 岁的年纪,这最能体现出你名字的含义——勇往直前,奋力攀登!明年秋天,你一定会硕果累累!

李慰萱:你在班上独占了两个"全班之最"——年龄最小,个子最高;在你满 16 岁的今天,我祝你再创一个"全班之最"——成绩最好!

李成：18岁，是生命的呐喊，18岁，是奋进的鼓点；18岁，是男儿的热血，18岁，是青春的誓言！

张剑：致"水手"张剑　桅杆也许会折断，信念决不会击碎；躯体也许会困乏，心灵却永远不会疲惫！让意志接受大海的洗礼，让青春迎接朝阳的检阅——风浪中，你驶进18岁！

陈蓓：17岁的蓓蕾，在初冬绽放，正迎接青春的太阳！

沈扬眉：绚丽青春正十八，锦绣岁月好年华；暂舍少女情与趣，拼搏人生更潇洒！

黄金涛：名字也许太普通，人格永远不会平凡；生活也许很清贫，事业永远不会黯淡；歌声也许会暂停，旋律永远不会中断；理想也许还遥远，追求永远不会遗憾！

……

后来，这个班51名学生中，除一人读中专外，其余全部都考入了大学。

然而，到了1997年9月，从担任初2000届三班班主任起，我不得不停止向学生赠送生日礼物，主要原因有二：一是现在相当多的中学生大办生日之风愈演愈烈，我的贺礼客观上起了推波助澜的作用；二是许多家长见我给学生赠送生日礼物，便要还礼，于是我的送礼便有财物上的"抛砖引玉"之嫌。

六

学生毕业后，他们送我的礼物，只要不是特别贵重的，我都收下，比如，有学生送给我自制的腊肉香肠，还有学生在中秋节之前送我手工自制月饼，甚至还有"富豪学生"送我 iPhone 手机，送我佳能相机……我也收下了。

有一年，毕业三十多年的一位已经是车企老总的学生还说要送我一台车，而且他立马给成都分公司说好了，我接到分公司老总的电话，叫我去取车！这次我没收，太贵重了。这位学生说："这是我用自己私人的钱给您买的，不违规，您就放心地收下吧！"但我还是没有收。我请他送我车模，后来他果真寄来几台精致的车模，于是我的书房多了一列车模。

至于历届学生毕业后请我吃饭，那我是每请必到。包括上面提到的刘攀、陈蓓、沈扬眉、黄金涛等同学，几乎每年我都要聚一聚。所以我的朋友圈里，经常都有我和我学生大吃大喝的照片，我在炫耀我很"吃得开"。

我愿意用一个真实的故事结束今天这篇长文——

我母亲是 2009 年 11 月去世的，那年 10 月下旬是她最后一次进医院。之所以进这家医院，是因为医院里有一位主任是我二十多年前的学生家长。有一天我去看母亲，她说："镇西啊，某主任（即我那位学生家长朋友）对我太好了！他搀扶着我去做检查，许多医生就问他，某主任，你对这位老太太照顾得这么无微不至，你母亲生了病也不过如此嘛！这位老太太是谁呀？某主任就对他们说，这是我女儿二十多年前的班主任李老师的母亲，当年李老师教我女儿的时候，特别爱孩子，我们做家长的想请李老师吃一顿饭他都坚决不答应。二十多年过去了，我总算找到了报答李老师的机会了！"

当我母亲告诉我这些话的时候，她很感动，我很自豪，因为我母亲也曾是一位小学教师，我母亲以这种方式感受到了她儿子不但是一个孝顺的孩子，还是一个让她自豪的教师。

2022 年 9 月 14 日

苏霍姆林斯基是怎样影响我的

一

我是在一种很苦闷的心情下"邂逅"苏霍姆林斯基的——

工作的第一年，我出手打了一个欺负我班孩子的高三学生之后，校长狠狠批评了我一顿，叫我"好好想想"。那几天，我心里十分难受。

星期天，我去逛书店。在玻璃书柜中（那时还不兴开架售书），我看到了一本薄薄的《要相信孩子》，作者是苏霍姆林斯基。也许是这个朴素而亲切的书名吸引了我，我请营业员把书给我翻翻。随便翻了几页，我便被里面极其平易而又极其优美的文笔所打动。一看定价：0.31 元。于是，我毫不犹豫地买下了这本书。

当天晚饭后，我一口气读完这本 124 页的小册子，从傍晚读到子夜。这么多年过去了，阅读过程中有一个细节至今还清晰地印在我的大脑里——当读到书中苏霍姆林斯基的一个观点时，我激动万分，情不自禁地从书桌前猛地站了起来，头顶一下撞着了悬在桌上方的一盏 25 瓦的白炽灯，灯盏剧烈地摇晃起来，昏黄灯光下所有的影子都在摇晃，整个屋子仿佛在旋转……晕乎乎的我感到这就是"陶醉"。

书中那个令我激动的观点是——

> 通向儿童心灵的道路，不是一条只需要教育者及时铲除杂草（儿童的缺点）的、平坦而洁净的小道，而是一片肥沃的地，儿童的各种优秀品德像幼苗一样，将在这块土地上逐渐成长。因此教育工作者应该成为一个精心的播种者和耕耘者，应该去扶正那些正在成长中的幼苗的脆弱的细根，去爱护每一片急需阳光的绿叶。如果我们能让儿童的各种优点像幼苗分蘖似的迅速分枝，那么他们身上的缺点就会自然而然地被连根除掉。

这个观点在我以后的教育历程中，不但被我在文章中反复引证，而且还成了我至今坚定不移的教育信念。

本来我是满怀郁闷打开苏霍姆林斯基这本小册子的，但当我在那个夜晚（其实已经是凌晨）合上这本书后，我的心中已曙光初露、霞光万道！

这本书，没有一句话是针对我打学生这个错误而说的，但全书的灵魂——对孩子的爱和信任，却不但使我深刻地认识到"打学生"这个错误的行为，而且使我第一次开始积极地从人性的角度来审视我的学生和我的教育。正是苏霍姆林斯基这位20世纪30年代就加入苏联共产党的老"布尔什维克"告诉我——

人性，这才是教育的本质所在。

我以后几十年关于民主教育的思考和探索都是从这个朴素的观点开始的。

二

从此，我开始如饥似渴地阅读我所能买到或借到的苏霍姆林斯基的所有著作。我曾经在三峡旅游的轮船上进入苏霍姆林斯基的《巴甫雷什中学》，心中激起的感情潮水随长江的波涛一起翻滚；我曾经坐在医院的病房里，一边守候病中的妻子，一边和苏霍姆林斯基一起进行《关于人的思考》——夜深人静的午夜时分，整个宇宙似乎只有我和苏霍姆林斯基在倾心交谈。这种体验不知有过多少次了，但每一次都让我感到说不出的惬意：当我打开他的书，一股亲切而温馨的气息便扑面而来，耳畔似乎响起了一位慈爱长者诚恳的忠告和叮咛；而当我合上书，思想的晴空万里无云，我的思维的翅膀会继续沿着苏霍姆林斯基所照亮的航程自由自在地飞翔……

我不仅自己追随苏霍姆林斯基，还"专横"地向我周围的年轻同行推荐这位迷人的教育家。我当时担任乐山一中教工团支部书记，于是，我"以权谋公"地"独裁"了一回：自作主张地从天津人民出版社邮购了20来本该社出版的苏霍姆林斯基名著《给教师的一百条建议》，所有团员教师人手一册！

自从迷上了苏霍姆林斯基，我感觉他时刻都在注视着我，目光亲切温柔，随时都在鼓励着我。

刚工作那几年，我经常和学生一起玩儿：在河边摔跤，在草坪斗鸡，在山坡野炊……结果被一位副主任提醒："你毕竟是老师，要注意形象。"我听不进去，反而"变本加厉"——在一个暑假，我竟然带着学生下重庆、去云南、赴贵州……渐渐地，我不但听到了领导的批评："带着学生游山玩水，忘记了自己是一个老师，对学生完全不负责任！"还听到了一些老教师的讥讽："他在显示自己爱学生啊！"

可以想象，当时我多么憋屈！

三

这时候，我读到了苏霍姆林斯基《帕夫雷什中学》中，作者对自己带着学生去探险的一段描述——

> 少年们夏天想进行"水上旅行"——想乘船经过水库驶入大河,然后登上某个"无人烟"的岛子……我只是现在才意识到,正是我自己使他们产生了这个想法;而当时我觉得,他们产生这个念头跟我给他们讲故事无关。可是我们没有船,于是我从新学年一开始就攒钱,到了春天,我就从渔民那里买来了两条船,家长们又买了一条船,于是我们的小船队便出航了。可能有人会想,作者想借这些事例来炫耀自己特别关心孩子。不对,买船是出于我想给孩子们带来快乐,而孩子们的快乐,对于我就是最大的幸福。

当年这段话带给我的心灵冲击,我现在无法用语言来描述。近四十年后的今天,重读这段话,我心中依然激动不已。

这种"冲击"与"激动"应该是一种强烈的共鸣。简单地说,我感到我的心一下被苏霍姆林斯基照亮了:"可能有人会想,作者想借这些事例来炫耀自己特别关心孩子。不对……孩子们的快乐,对于我就是最大的幸福。"

这说的不就是我吗?我仿佛听到苏霍姆林斯基拍着我的肩膀说:"小伙子,别怕,你没错,一点都没错!"同时我感到我好像也把苏霍姆林斯基这段话照亮了:我以一名中国青年教师的名义,用自己的案例为苏霍姆林斯基这段话加了一条中国式的注释,增强了这段话的可行性。

所以我后来说,真正的阅读应该是作者和读者的"互相照亮"。

可以毫不夸张地说,正是那次和苏霍姆林斯基的"互相照亮",我有底气一直和学生保持着几十年的"摸爬滚打",直到退休。

正是苏霍姆林斯基对我的鼓励，从我参加工作之日到女儿出生，连续五年的寒暑假，我都安排一次与学生的旅游：我曾与学生站在黄果树瀑布下面，让飞花溅玉的瀑水把我们浑身浇透；我曾与学生穿着铁钉鞋，冒着风雪手挽手登上冰雪覆盖下的峨眉之巅；我曾与学生在风雨中经过八个小时的攀登，饥寒交迫地进入瓦屋山原始森林……每一次，我和学生都油然而生风雨同舟、相依为命之情，同时又感到无限幸福。这种幸福不只是我赐予学生的，也不单是学生奉献给我的，它是我们共同创造、平等分享的。或者如苏霍姆林斯基所说："孩子们的快乐，对于我就是最大的幸福。"

四

我从《给教师的一百条建议》中了解到，他把"难教儿童"（即我们常说的"差生"）当作科研对象来研究，长期跟踪记录。他先后为 3700 名左右的学生做了观察记录；他能指名道姓地说出 25 年中 178 名"最难教育的"学生的曲折的成长过程，其中的 107 个"智力发展极端迟缓"的学生，被培养成了"完全合格的有教养的人"，其中 13 个还受到了高等教育。

读到这些文字，我感到是苏霍姆林斯基给了我对学生爱的力量和智慧的源泉。把难题当课题，这是苏霍姆林斯基给我最重要的启发之一。当时我就有一种冲动，如果我也有一批这样的"科研对象"，那该多好！

1995 年，机会来了。当时我刚刚送走高 95 届一班，因为这个班高考取得了出人意料的辉煌成绩，所以我也就被许多人认为抓"应试"还"有两下子"。学校为了留住"优质生源"，安排我教初一"实验班"——其实就是由全年级成绩最拔尖的学生组成的"重点班"，然后将这个"重点班"连带六年，送到高三。但我觉得这不是真正的实验，于是我给学校提出：能否在同一次分班考试中，将最差的学生编一个真正的"实验班"，以集中精力"因材施教",探索教育"困难学生"的规律?最终学校采纳了我的建议:组建了一个集中全年级"差生"的"实验班"。那几年,我一个人同时担任两个分别由"优生"和"差生"组建的"实验班"的语文教师、班主任,学生总数131人。

带这两个班的酸甜苦辣一言难尽,仅举一例:为了让每一个孩子享受成功,我和我的科任老师每次上课要备四套教案,布置四套作业,每次考试要命制四套考题……而我几乎每个周末都要带着由孩子们评选出来的"本周进步最大的同学"一起去公园玩儿。每天晚上,我都要记录当天的教育行为和感悟。其中,我对特别头疼的十来个顽童单独追踪记录,写下他们每一步的成长。

三年后,和他们"斗智斗勇"的故事,成了我《爱心与教育》《走进心灵》中最吸引读者的精彩篇章。25年后,这几十个曾让我头疼更让我心疼的顽童长大了,成了公务员、军人、教师、医生、足球教练、摇滚歌手、钢琴师、企业老总……他们又成了我的新著《教育的100种可能》中的主人公。

是苏霍姆林斯基一直告诉我:"要相信孩子!"是的,眼前的孩子,无论他成绩好坏,也无论他表现优劣,他的未来都有100种可能。

四十年来,苏霍姆林斯基每时每刻都注视着我,而我对这位不朽的教育家始终一往情深。我学习他对学生的挚爱,学习他对教育的执着,包括学习他坚持不懈地记录自己的教育实践与思考。后来我在写有关教育论文或著作时,我的行文风格也散发着一股浓浓的"苏霍姆林斯基味儿"——夹叙夹议,朴素自然,将自己的教育思考融汇于一个个教育故事之中;甚至我的第一本专著《给中学生的一百封信》,在体例和书名上都是模仿苏霍姆林斯基的《给教师的一百条建议》,更不用说我的《爱心与教育》《李镇西校长手记》《教育的100种可能》……

五

从读第一本苏霍姆林斯基的著作开始,我就不止一次痴痴地想:如果苏霍姆林斯基还健在,哪怕跨越千山万水,我也要去见一见我崇敬的教育导师和他的帕夫雷什中学!

十多年后,这愿望部分地实现了。1998年,我应邀去北京出席"纪念苏霍姆林斯基八十诞辰学术大会"时,见到了苏霍姆林斯基的女儿——乌克兰教育科学院院士奥莉佳·苏霍姆林斯卡娅,从此成了朋友。2008年秋天和2018年秋天,我分别应邀赴乌克兰和俄罗斯,参加纪念苏霍姆林斯基90周年诞辰和100周年诞辰,并发表演说。

2019年10月,我第二次来到乌克兰帕夫雷什中学。一走进校园,看到洁白的苏霍姆林斯基雕像,我感到教育家正向我走来。

在苏霍姆林斯基的办公室和书房,我戴上了他生前戴过的眼镜,虽然有些模糊,但我感觉自己的眼前却一片明亮,因为我仿佛正用苏霍姆林斯基的眼睛打量着世界。

在帕夫雷什中学附近,我看到了苏霍姆林斯基当年带着孩子们划船远行的那条大河。半个多世纪过去了,这条第聂伯河的支流依然辽阔,蓝色的水面在阳光下泛着金光。想到半个世纪以前,一位意气风发的中年校长和一群天真活泼的孩子,就是从这里出航去远方,我不禁心潮起伏。

我第二次来到苏霍姆林斯基的墓地,在墓碑前肃立、默哀、鞠躬。

我代表我们这一行中国教育者致辞——

"今天,我们十六位中国教育者,来到伟大的苏霍姆林斯基墓前,向这位不朽的教育家表达我们永远的敬意。苏霍姆林斯基生前不会想到,他的教育思想将传到中国,并影响中国无数的教育者。这是苏霍姆林斯基的光荣，也是中国的荣幸！我相信，这份光荣和荣幸，将继续延续下去。苏霍姆林斯基的思想将永远引领和激励着中国千千万万教师的成长！"

离开墓地时，我回头望去，原野之上，蓝天之下，苏霍姆林斯基的雕像顶天立地，他那深邃的目光正注视着我……

2021年5月26日

学生爱你，比什么都珍贵

一方是学生，一方是学校，当二者发生冲突时，作为教师应该站在哪一边？

作为学生的老师，当然应该维护学生的权益；作为学校的教师，自然必须遵守学校的制度。真是令人纠结啊！

真的有这样非此即彼、二者必选其一的两难窘境吗？

当然有的，而且对我来说，经常面临。

比如，学生自发组织了社团利用周末上街开展勤工俭学活动，在我看来这是一件极其有意义的好事，但当时的学校领导不这么认为，他们觉得即使是周末时间，也不应"有组织地自发上街搞活动"，而是应该事先请示学校，征得学校同意，然后由学生统一组织开展相关活动，这样更便于"宣传"。于是学校决定"严肃处理"有关"擅自行动"的学生，并让我先做通学生的"思想工作"。我坚决不愿意，因为学生没有错。我不但安抚学生别背思想包袱，而且转过头在学校领导面前据理力争，并承担了全部责任。最后学生毫发无损，我至少在表面上也看不出受了什么影响。但一位老教师说："你真的以为没事儿啊？领导心里给你记着的呢！"

几十年后，我的一个学生也当了老师。她带领她的学生去某民营企业实习——所谓"实习"不过是一个冠冕堂皇的说法，其实质就是给资本家无偿打工。工厂对学生种种不合理的要求和规定，严重损害了学生们的权益，我这学生希望学校出面保护学生，可学校领导为了维持和该企业主的关系，居然要求我这个学生不要得罪厂方，而要多做学生的工作，服从厂方。我的学生非常愤怒，为了保护自己的学生，她勇敢地只身与厂方代表交涉，要求厂方善待学生，最后赢得了胜利。这让学生感动，然而得罪了学校。她对我说："李老师，要我为了学校的所谓利益而和工厂一起坑害我的学生，我的良心过不去啊！"我问她："不怕学校给你小鞋穿吗？"她说："不怕，在我心中，学生比学校更重要。"

年轻时，我听到的来自老教师最多的话是："学生在学校不过三年，而你可能要在学校待三十年，为学生得罪学校，不划算啊！"

这道理似乎完全正确，这逻辑仿佛也十分合理，可我无法在行动上违背自己的良知——如果学生明明是对的，为什么要为了私利而"维护"学校呢？

那时候还没有"一切为了学生"的说法，不然我与学校领导争论时，会多一条雄辩的理由。

还有科任老师与学生发生冲突，而理在学生一边时，我也绝不会为了搞好同事关系而伤害学生。当然，说实话很多时候，我认为自己处理得还比较得体，既保护了学生的尊严，也维护了老师的面子。但并非每次都这样，这也难免让当事老师对我耿耿于怀。

如果时间和篇幅允许，我可以写出许多这样的例子。但今天毕竟不是讲故事，我就不多举例了。

总之，为了学生，而不怕"得罪"领导和同事，我的"情商"显然太低太低。

但教育不就是"一切为了学生"吗？如果"一切为了学生"意味着"情商太低"，那这样的"情商"不要也罢。

毫无疑问，维护学生的权益，无疑会让学生特别感动，从心里更加敬佩我和爱戴我，但这不是我的目的。否则我的所作所为就成了放弃原则的

"收买人心"。

因此,要特别说明的是,迁就学生、放纵他们犯错,明明违反了学校纪律,甚至伤害了老师,我还要为他们"说情"……我从来不会做这样的事。也就是说,我其实既不刻意站在学生一边,也不刻意站在领导一边,而是站在教育初心一边。

当然,纵观几十年教育人生,因为我的"情商低",不止一次"不顾学校大局"而"偏向学生",我的确吃了不少"亏",有好朋友直接说我:"你失去了太多本应该属于你的,唉,不值啊!"

按世俗的标准,的确"不值",但别人追求的或许恰恰是我放弃的。这就无所谓了。我多次说过,我只希望从教育中取两点:第一,职业幸福;第二,心灵自由。退休后盘点过去,嘿,都得到了。这不挺好吗?

何况,得失总是相对的,且因人而异。对我来说,没有那些"失去"哪来我后来的"得到"——2018年暑假,全国各地的历届学生(包括专程从国外赶回来的学生)重聚我身边,听我上退休之前的"最后一课"!学生对我几十年的依恋之情,这种巨大的幸福感,不正是我最大的"得到"吗?

2001年3月29日,我正在苏州大学读博士,收到了一位家长的来信。这位家长名叫"谭楷",这其实是他的笔名。作为一位才华横溢、成就卓著的作家,谭楷先生的作品除了《倒爷远征莫斯科》《太阳石》《国宝》《我是大熊猫》,还有他主编的《科幻世界》杂志。这位我特别仰慕的作家,对我却特别尊敬。

来信主要是向我约稿,但写到最后有这样的话——

> 我的小儿子胡小鸥,有幸成为你的学生。他的一帮玉林中学的同学……相聚我家,谈到"镇西大将军"时,都佩服得很。这不是官方的大奖状,你征服了学生的心,学生爱你,比什么都珍贵。

"学生爱你，比什么都珍贵。"不但让我感动，而且点亮了我的心。

胡小鸥现在是我国著名青年作曲家，他创作了包括《平凡的世界》《狂飙》《消失的她》在内的数百部电影电视音乐。

我想到了八十年代，我某次遭遇"不公"与"挫折"时，在日记里写过的一句话："师生之爱，是我的事业永不言败的最后一道防线。"

2022 年 12 月 22 日

如何做好本职工作

从某种意义上说，不独教师，任何职业都是"戴着镣铐跳舞"。这个"镣铐"就是职业规范，也包括上级和社会对我们的要求。

我把这"镣铐"分为三类：

第一类是基本的准则，这是应该的，是职业底线。比如教师不能体罚学生，你不能说这"限制"了你"管理"学生，如果一定要说是"镣铐"，那这个"镣铐"是必需的。当然，对于遵守职业规范的老师来说，这根本就不是"镣铐"。还有中考和高考升学成绩，这是社会对学校教育的要求，虽然这不是教育成功唯一的标准，但也是重要的标准。如果说这是"镣铐"的话，那也是我们应坚守的职业底线。

第二类是随着时代的发展而提出的一些新要求，这也是正常的，所谓"与时俱进"。比如，信息技术的发展对教育教学带来的手段上的革新和要求，还有"双减"背景下我们所应有的策略调整，以及切合实际的继续教育培训等等。这些也许会让我们一开始有些不适，但所谓"成长"，不就是不断跟上时代的步伐吗？"变"是绝对的，"不变"是相对的。如果你认为这是"镣铐"，那就是拒绝进步。

第三类是对于学校纯属形式主义的不合理要求，尤其是与教育教学无关的"摊派"，也许会严重影响我们正常的教育教学，但普通教师又无法摆脱。怎么办？我的建议是，要弄清，在你必须做的工作中，哪些是不合理的形式主义任务，哪些是属于教育的本职工作。对本职工作应该一丝不苟地做好。无论我当老师，还是当校长，就这么做的。

而对于学校严重影响正常教育教学的各种"摊派"，除了应付，老师们还应该通过正常途径积极向上面反映，依据相关法律（比如《教育法》《教师法》等）维护自己的职业权益。当然，一个老师的一次声音也许微不足道，但无数普通老师汇成的正义呼吁，一定能够推动教育环境的改变。

如果"戴着镣铐跳舞"无可避免，那我们就以智慧和勇气争取把这"舞"跳得尽可能优雅一些吧！

2022年1月9日

童心万岁

——我的一堂班会课

那天应邀去石室天府中学给班主任做分享,意外地看到了以前我在武侯实验中学工作时的同事饶振宇老师,她现在在这所学校工作。久不相见,彼此都感到很亲切。

聊天中,得知她现在依然在做班主任,教初二。我说:"有机会我去给你的学生上一节课!"

以前我在武侯实验中学工作时,就去她班上上过课。在学校工作九年期间,我去每一个班上过课。

她特别激动,立刻就和我说定上课时间。几天后,也就是2022年5月19日,我走进了她的班。

本来我想上一堂语文课,但想到六一快到了,就给他们上一节有关儿童节的班会课吧!

也不用准备,这课我刚刚工作不久就给学生上过,后来成了我的"保留节目",给后来历届学生都上过,包括退休前工作的武侯实验中学。第一次听过我这堂班课会的学生,如今已经年过五十。

饶老师问我需要做什么准备,我说:"你让每一个孩子交一张他们小时候,最好是读小学以前的照片,还有你小时候的照片。收齐了,你给我。"

说"不用准备",其实也有准备,但搜集孩子们小时候的照片,是唯一的准备。

饶老师给我照片时解释说:"班上共34个孩子,但有一个孩子实在找不到小学以前的照片,所以只有33张。"

我说:"没关系,少一张不要紧的。"

后来我仔细想,不对,有"关系"的。课堂上,所有孩子的照片都被展示了,唯独有一个孩子没戏,他该多失落!怎么能说"不要紧"呢?

一个都不能少!于是我赶紧给饶老师说:"请那个孩子交一张小学的照片。"

34张照片都交齐了。我放心了。

我还给饶老师说,千万不要给孩子们说我要讲什么内容,让他们有一种神秘的期盼。其实,饶老师想说也没法说,因为她也不知道我如何上这堂课。

有点悬念,这是我几十年上语文课和班会课的一个小小原则。这也是我不愿上那种反复演练的"公开课"的原因。

该校得知我要去上课,为了让更多的老师能够听听,便决定在学校演讲厅举行这次活动,于是,课堂便被搬到了台上。

我略感遗憾,本来我想就在教室里上课,很自然,学生也容易放松。现在有点上公开课的气氛了。但我转而又想,是否真实自然,全在于我。在教室里上一样可以上得华丽,在公开场合上同样可以上得朴素。

上课前,我来到学校演讲厅,看到台上的学生课桌椅已经被整整齐齐地摆好。

我对学校有关负责人说:"把这些课桌的方向变一变,一律面对正面的屏幕,而背对台下的老师。"

我想,学生看不见那么多的听课老师,压力可能小一些,会更自然。

学生坐好了,我和他们聊天:"知道我为什么要来给你上这堂课吗?"

他们摇头。

我打出一张照片："这是谁呀？"

他们都笑了："饶老师！"

"是的，这是 2009 年 9 月 10 日那天上午，我在校园给饶老师抓拍的。"我说，"当时我和饶老师是同事……"

下面一阵议论，学生很惊讶地说："啊？是同事……"

我以为我说错了什么，问："怎么了？"

他们说："饶老师给我们介绍说，你是她的校长。"

我笑了："当时我们都在武侯实验中学工作，怎么不是同事呢？至于校长嘛，也是同事嘛！"

我继续解释这张照片："我喜欢拍照，经常给老师们抓拍一些很自然的照片。那天我看见饶老师和一个孩子从远处朝教学楼走过来，越走越近，非常自然，我赶紧抓拍了下来。"

我说："上周和饶老师重逢，我主动说我到你班上去上一节课，所以我今天就来了。虽然这样的班会课，我以前给我的学生都上过，但今天这堂课，是专门为你们定制的。"

毕竟是在一个庄重的演讲厅，是坐在台上，虽然他们看不到后面的老师，可还是有些拘谨。不过，我有信心让他们放松，甚至放开。

"今天这堂课讲什么呢？"我一边问，一边打出一张照片，这是前几天我请饶老师发给我的该班的"全家福"。

我说："你们看，你们多可爱！你们今年 14 岁，应该是大地震的 2008 年出生的。再过十来天，你们将度过最后一个儿童节，告别少先队，然后就走向青春了。所以，我把今天这堂课的主题确定为'告别童年，走向青春'。其实也不是上课，就是和大家一起做游戏，做和童年有关的游戏。"

就这样，没有"起立""老师好""同学们好"，课就这样自然而然开始了。

"不知不觉童年就渐渐离我们而去了,留在我们记忆中的童年有哪些乐趣呢?"我问大家。这是我给学生们提的第一个问题。

有人说:"打游戏。"有人说:"滑滑梯。"

有一个女孩说:"喜欢爬树。"

大家笑了,我也笑了,我问这孩子:"你在城里生活,到哪里去爬树呢?总不可能在大街上爬树吧?如果那样,人们会发现,哟,树上怎么有小猴子呀?不对,应该是大熊猫,哈哈!"

同学们大笑。

她也笑了,说:"我是在幼儿园爬树。"

"哦,你可真调皮啊!"我笑着说。

接下来的答案越来越多:"放学路上采蘑菇。""下河捉鱼。"

学生们渐渐放松。

我问同学们:"你们知道李老师小时候最喜欢什么吗?"

他们当然不知道,但都期待地望着我。

我说:"我读幼儿园的时候,正是我们国家的大饥荒年代,老百姓都饿肚子啊!所以我在幼儿园最喜欢的就是老师给小朋友发点心吃。不是一人一个,而是每个小朋友一小块,比如芝麻糕、绿豆糕,一个小朋友一点点,但我们都很珍惜,不愿意一口吃掉,而是用舌头一点一点地舔。有一个小朋友很贪婪,吃完了自己的一份便问其他小朋友,你还有没有?请我吃一点。人人都只有一点点,怎么可能有多余的糕请他吃呢?有一天,我就捉弄他,说我还有一点点,请你吃。我把手掌伸到他面前,手心里有那么一小点,浅黄色的。他看了,直接就用舌头在我手心上舔,一舔而光。我问他好吃吗,他直点头'好吃',我说,那是我的耳屎!"

全场爆笑。

我也笑了:"如果时间允许,我们还可以说出更多的童年乐趣。说了童年的乐趣，我们再来说说童年的害怕。当然，所谓童年的害怕只是当年感到害怕，今天想起来其实也很有意思的。"

孩子们比刚才更活跃了："怕狗。""怕爸爸妈妈吵架。""怕踩水上的冰。""怕鸡。"……

"怕鸡？"我有点奇怪，问那孩子，"怎么会怕鸡？"

他说："怕鸡啄我。"

"哈哈！"大家都笑了。

还有一个孩子说："我怕老师。"

我说："我们说的是读小学以前。"

他说："我说的是幼儿园的老师。"

我说："哦，你的幼儿园老师对你不好？对了，你这一说我想起了。嗯，这话还得从我小时候的一个乐趣说起，我读幼儿园的时候喜欢用两个鹅卵石擦火，不知你们玩过没有？"

许多同学都点头："玩过的。"

我说："不只是用鹅卵石，用两个瓷片也可以擦出火来。"

他们说："是的是的。"显然我勾起了他们的回忆。

我继续说："那时候我全天都住在幼儿园。有一天晚上，我躺在床上，拿出两块鹅卵石，蒙上被子开始敲击，擦出火花，正痴迷地玩着，突然被子被掀开，后脑勺被重重地敲了好几下，痛得我眼冒金光，但又不敢叫，只能忍着痛。原来老师发现我不好好睡觉，就过来教训我。那以后，我看见那老师就害怕。不过现在想起来，老师也是为我好，万一火烧起来怎么办？"

刚才那个说她喜欢爬树的女孩说："我小时候最害怕虫子。"

我走到她身边，问："现在还怕不怕？"

"怕。"她说。

我说:"怕虫子是许多女孩的共同特点。长大以后也怕。"

她又说:"但我做过的最大胆的事,是我在我家院子里,点上一圈蜡烛,然后我坐在中间看书。"

我说:"哟,是够大胆的。读书还要点一圈蜡烛,你从小做事就很有仪式感。呵呵!"

我突然想到,干脆临时再插进一个"童年的大胆"的环节不挺好吗?于是便对同学们说:"其他同学小时候还做过哪些大胆的事?"

一个男生说:"我敢对着狗逗它。"

我问:"你怎么逗它?"

"对着它叫。它叫,我也学它叫。"他说。

大家笑了。

有同学说:"我还和哥哥一起下河……"

还有一个男生说:"我回老家,往厕所里扔炮。"

我很惊讶:"扔炮?扔什么炮?"

他说:"把炮扔进厕所里的粪便里。"

大家爆笑。

我说:"我也想起我小时候做过的一件大胆的事,不过那时候也不小,已经读书了。有一次我和一个比我大的朋友去一座古寺,那里有许多古碑,我们就往碑上涂墨水,好端端的古碑被我们用墨水涂黑了,然后我们把宣纸贴上去,拓上面的字,然后再轻轻取下来,回家当字帖。结果,我们还没有取下来,就被大人抓了,说我们破坏文物,给关了一天。这既是我小时候做过的一件大胆的事,也是让我害怕的事。当时我都哭了。"

同学们又笑了。

我说:"刚才同学们聊了童年的乐趣、童年的害怕、童年的大胆……其实都是快乐。哪怕当时无比害怕的事,今天说起来也是令人开心的事。童年就是这么无忧无虑，就是这么纯真无邪。当然，童年还不只是纯真，每一个儿童都是很聪明的。现在我们进入下一个游戏——童年的智慧。请大家拿出纸来，折你小时候折过的东西。看谁折得又快又好！"

孩子们立刻行动起来，纷纷从本子上撕下一张纸，开始折了起来。

刚才的叽叽喳喳变成了安安静静。大家都不说话，埋头认真折纸。

不一会儿，有同学举起手中的作品：有小船，有飞机，有指南针，有千纸鹤……

我请一个男生把他的飞机给大家飞一下："转过身去对着台下的老师飞，飞到哪个老师的面前，那个老师就是幸运者。"

他站起来，使劲将飞机飞了出去，但飞机还没冲上去，便栽了下来。

我说："发生了坠机事故！飞机不幸失事啊！"

全场大笑。

我说："我来试试。"便从他手中接过飞机。

我顿时感觉自己回到了童年，我拿飞机，先用嘴对着飞机的前端使劲哈气，其实这都是习惯，小时候飞纸飞机都要这样对着飞机哈气的。

突然，我想起了什么，对大家说："现在我突然想起一个问题，这个问题以前从来没有想过，现在才觉得是一个问题，这个问题就是，为什么我们很多人在飞纸飞机的时候要对着飞机哈气呢？感觉好像哈了气飞机才飞得上去，而且飞得远，好像是在给飞机加油，其实一点用都没有。但这么多年来，一代一代的小朋友飞纸飞机之前都要哈气。"

虽然这么说，我还是使劲地对着纸飞机哈了好几口气，然后扬起手臂用力将飞机抛出去。结果，像刚才一样，飞机直上直下，栽倒在同学们中间。

大家爆笑。

我说："哪怕失败了，也是开心。这就是童年。"

我问大家："大家还记得童年的歌谣吗？还能唱出来吗？下面我们来进行一场比赛，比赛唱童年歌曲。"

我将男女生分为两队，各选出一个指挥，然后大家准备。

大家有些兴奋，纷纷开始回忆唱过的儿童歌曲。几分钟后，我请两个指挥以划拳胜负决定谁先唱。台上立刻响起了儿歌：《小兔儿乖乖》《我在马路边捡到一分钱》《两只老虎》《世上只有妈妈好》《小白船》《数星星》《数鸭子》《蓝精灵》《外婆的澎湖湾》《春天在哪里》《鲁冰花》《超级飞侠》《一闪一闪亮晶晶》《少年英雄小哪吒》《猴哥》……

男声刚落，女声跟上，争先恐后，分秒不停。场面十分热烈。

唱到最后，终于有些疲倦了，我突然想到一首歌孩子们没唱，便说："你们唱的好多歌，李老师都不会唱，但有一首歌，我想你唱过，李老师也唱过。"我唱出了第一句："让我们荡起双桨……"

所有学生，包括台下的老师们都跟着唱了起来——

小船儿推开波浪，水面倒映着美丽的白塔，四周环绕着绿树红墙。小船儿轻轻，漂荡在水中，迎面吹来了凉爽的风……

和刚才赛歌时急促的"吼唱"不一样，这首歌大家唱得节奏舒缓，好像都回到了各自的童年。

我被感动了，说："这首歌从50年代唱到现在，无数新中国的儿童唱着这首歌长大。我特别喜欢这首歌，特别喜欢其中一句歌词。你们猜猜，是哪一句？"

同学们猜了几句都没猜对，我说："'迎面吹来了凉爽的风！'我曾经用这一句作我一篇文章的题目。这句歌词特别有诗意，唱的时候我也特别有感觉，好像真的有一阵凉爽的风扑面而来。此刻，这风就是童年的风。今天，我们在这风中，告别童年，走向青春！"

课后，在和老师们交流时，我谈道："这堂班会课有很多即兴的生成性的东西，比如让孩子谈童年最大胆的事儿，就是临时想起的；还有赛歌时最后唱那个《让我们荡起双桨》也是我即兴的。"

一个老师说："原来是即兴的？《让我们荡起双桨》是个小高峰，师生一起唱，不同年代的人对童年产生美妙的共鸣，老师最后说'迎面吹来了凉爽的风，我们在这里迎面吹来童年的风，回望童年，走向青春'。这个环节太精彩了！"

不谦虚地说，我也为我课堂上许多即兴发挥而得意。这就是教育迷人的地方。

但总体上说，这堂课我还是有大致框架的。

唱了儿歌，我说："前几天，我托饶老师请同学们都交了一张你们小时候的照片……"

说着，我在屏幕上打出一堆照片。

"现在，我们来回望一下我们童年的模样。看当初的你和现在的你，有多大变化？"

第一张照片打出来，就把大家逗乐了，爆笑如雷。这个可爱的婴儿，趴着身子，抬起光光的脑袋，胖胖的脸蛋上，是一双亮亮的眼睛，此刻，这粉嫩粉嫩的孩子正咧着嘴对着我们每一个人傻笑。

在大家的笑声中，我问："这是谁呀？请站起来给大家看看，好吗？"

一个女孩站了起来，亭亭玉立的，如此反差让全场再次哄堂大笑。

我继续一张张地打出照片，每一张都给大家带来快乐——有的憨态可掬，有的故作深沉，有的张牙舞爪，有的文静娇羞，有的如梦初醒，有的"大愚若智"……每打出一张照片，都站起来一个少年，于是都激起一阵笑的波澜。

不少孩子还有造型：有的托腮沉思，有的伸臂舞蹈，有的歪头撑伞，有的拉箱旅行，有的戴博士帽，有的骑自行车……

我又来了一个即兴发挥，请这些孩子把当年的动作再比画一下。当然不可能完全复制当年的造型，但恰恰因为有"差异"而显出了乐趣。现场再次笑声不断。

每一张天真无邪的脸，感染了在场每一个人。

我又打出一张照片，指着照片上的小女孩问："这是谁呀？"

没有同学站起来。我指着台下的一位老师说："这个漂亮可爱的小女孩现在在下面坐着呢！"

饶振宇老师站了起来。同学们无比惊讶，又一阵大笑。

接着我又打出一张婴儿照片："这又是谁呢？"

无人说话，大家东张西望。

我说："别看了，你们也猜不到。这是我五个月大的照片。"

这次的笑声几乎把房顶冲破。

"你们看，李老师小时候是不是也很可爱？"我一边说一边继续打出我渐渐长大的照片，"这是我五岁的照片……"照片上我穿着花衣服，头上还有一个小鬏鬏，像个可爱的小女孩，孩子们大笑。

"这是我 14 岁的照片，对，刚好就是你们现在的年龄。"我说。有同学点头，说"这个有点像李老师了"。

"然后，生命不可遏制地向前推进。"我依次打出我人生不同阶段的照片：当知青、读大学、大学毕业、初登讲台、学术讲座、参加国际会议……我打出最后一张："这是今年春节前照的。"

没有笑声了，大家显然被这十五张照片感动了，甚至震撼了。

我说："人，就是这样长大的；每一个生命，就是这样成长的。"

"没有人会永远停留在童年，但我们可以永远有一颗童心相伴，有了一颗纯净的童心，我们便永远拥有了青春。"我说，"现在我退休了，可许多人都说我一直有一颗年轻的心。为什么？因为我热爱生活，热爱生命，热爱大自然。这个世界的每一天都让我好奇，并充满感情。"我说到这里，打出了一张照片。

这是一座浮在海面的冰山，洁白的冰山上站着一群企鹅。

"这是我 2019 年 12 月在南极拍的。"我这句话一说完，下面一片惊叹。

我说："很多人都感慨，李老师六十多岁了，还像年轻人一样有着澎湃的激情。是的，其实可能有人虽然从年龄上还是年轻人，可他的心已经老了，因为他对什么都没有了热情，一切都无所谓，看什么都是'就那样'。而我依然保持着对这个世界的热情。"

我继续打出我在南极拍的照片："这是南极的冰川，这是我和同伴正在向上攀登，这是我在南极的冰天雪地里展示五星红旗……"

"哇！""呀！""啊！"……

孩子们已经无法用语言表达他们的震撼了。

我又打出一张水上森林的照片："这是三天前拍的。我这里顺便说说我那一天的生活节奏。早晨六点半出门，疾走五公里到单位，这是我坚持了二十年的晨练习惯，以前是疾走六公里，后来减了一公里。到了教科院七点半，我就洗澡。然后开始继续写我最近写的一篇长文《赵一曼》，到了一点四十，这篇文章终于写完初稿。看窗外，阳光灿烂。早晨出门时，我就特意带着我的照相设备。我想，如果天气好，我随时都可以出发去拍照。所以当时看到外面的蓝天白云，我在办公室简单吃了点饼干，喝了一瓶矿泉水，背上背包，说走就走。一个小时后，我开车到达崇州的桤泉湿地公园，那里有一片水杉林，就是这张照片的景象。多美！"

我又打出我从空中航拍的森林和全景："这是我用无人机在空中拍的，这是我航拍的全景。"

孩子们完全被美景所吸引了。

"当我离开森林公园时，偶然看到路边有一簇黄色的野花，正沐浴着阳光在蓝天下绽放。"我说,"其实我前面的游人也从这里经过,但没有一个人停下来观赏,因为他们没有发现这份美,而我却发现了,怦然心动。于是,我用手机拍下了这几张照片。"我打出来几张黄色野花的照片。

我继续讲:"当时才三点钟,如果回家太早了,这么好的太阳,太可惜了。于是我马上打开小红书,看成都周围还有没可拍的美景,结果发现了无影教堂的马鞭草,一查导航一个小时就可以到达。于是,我毫不犹豫驱车前往,四点过就到了。哎呀,一大片紫色的马鞭草气势磅礴,蓝天白云之下,一座白色教堂屹立于马鞭草花海之中,还有一个水塘,教堂的倒影在水中微微摇晃,实在难以用语言来表达当时看到的美!"我感叹道。

"六点过一点,我开始返程,当时我比较着急,因为我想赶在太阳落山前去拍夕阳下的望江楼。你们想想,夕阳西下,彩霞满天,望江楼该有多美!因为是堵车高峰期,我回家已经暮色苍茫,来不及再去望江楼了。虽然看不到落日了,但我要和晚霞抢时间。于是,我停好车,直接从车库电梯上到顶楼。拍下了满天的晚霞,你们看。然后我又在楼顶等待夜幕降临,最后,我拍下了水晶一般的成都!"

几张照片,让孩子们再次惊讶得目瞪口呆。

我说:"这就是我普通的一天。所以,所谓'年轻',并不仅仅是年龄,而是精神状态。我想到了我大学的老师杜道生先生曾经手抄过一篇文字给我,这也是美国前总统克林顿的座右铭,其实这篇文章并非克林顿的原创,作者是塞缪尔·厄尔曼。这几段话精彩地解说了什么叫'青春'。在同学们告别童年、走向青春的时刻,我把这段话送给大家,作为我送给你们最后一个儿童节的礼物。让我们一起来朗读这段话,我提议,下面听课的老师也一起朗读。"

我打出了这几段话,全场响起了朗读声——

青春不是人生的一个时期，而是一种心态。

青春的本质，不是粉面桃腮，不是朱唇红颜，也不是灵活的关节，而是坚定的意志，丰富的想象，饱满的情绪，也是荡漾在生命甘泉中的一丝清凉。

青春的内涵，是战胜怯懦的勇气，是敢于冒险的精神，而不是好逸恶劳。许多60岁的人，反比20岁的人更具上述品质。年岁虽增，但并不催老；衰老的原因，是放弃了对理想的追求！

岁月褶皱肌肤，暮气却能褶皱灵魂。烦恼，恐惧，乃至自疑，均可摧垮精神，伤害元气。

人人心中，都有一部无线电台。只要能从他人和造物主那里收到美好、希望、欢畅、勇敢和力量的信息，我们便拥有青春。

一旦天线垮塌，精神便会遭到愤世和悲观的冰霜的镇压。此时，即使20岁的人，也会觉得老了，然而，如果竖立天线，不断接收乐观向上的电波，那么即使你年过80岁，也会觉得年轻。

我、听课的老师还有孩子们，三代人同时朗读一段话，激情饱满，铿锵有力，我们都听到了青春的声音。

我说："你们现在读这段话，只是对青春的向往，再过几十年回头看这段话，你们才会有真正的感悟。"

我又打出一张照片，照片上一群年轻教师和我站在山顶悬崖边，挥臂遥指蓝天。

我说："去年七月，我和一群年轻老师来到玉屏山。那里有一处玻璃栈道，在半空的悬崖上，我和年轻人站在上面，面对峰峦丘壑呼喊我们的心声。"

我点击出视频，视频上，我和老师们挥臂高呼："我们要飞上天和太阳肩并肩！童心永恒，青春万岁！耶！！！"

我对孩子们说："这群老师正坐在你们的后面，我建议向他们致敬！"

孩子们转过身，向老师们热烈鼓掌。

最后我说："今天这堂课，是我提前为你们过六一儿童节；'童心永恒，青春万岁'是我送给你们的礼物！"

孩子们用掌声回应我。

几个孩子为我献上了一束花。

然后他们簇拥着我拍了一张合影。

"再见，李老师！"一个个孩子从我身边走过，向我告别。

我也向他们招手："再见，同学们！"

2022 年 5 月 20 日

教育常识六十秒

抖音的各位朋友，大家好！从今天开始，我想尝试通过抖音这个平台开一个小栏目，叫"教育常识六十秒"，就是用一分钟的时间谈一个教育常识。现在我们谈教育创新太多，讲教育特色太多，讲新理念太多，讲新模式太多，而不太讲教育常识。当然，教育的发展的确需要创新，需要特色，需要新理念，需要新模式……但千万不要因此而忘记了教育常识，很多时候我们的教育问题，恰恰不是出于不够创新，而是由于违背常识。而我这个栏目就是讲一些大家可能不太在意的基本常识，比如关于家庭教育，关于班级管理，关于师生关系，关于课堂教学，等等。虽无新意，却很重要。但愿大家喜欢。

（2022年2月20日）

1. 我讲的第一个教育常识，就是"没有爱就没有教育"。这显然是一个老掉牙的话题，也许很多人不以为然。现在很多时候，我们往往强调教师转变观念、更新知识、提高技能，但却忘记了一点，如果这位老师根本就不爱教育，再新的观念、再多的知识、再高的技能都等于零。且不说教育之爱对教育过程的巨大作用，有爱和没有爱的教育显然是不同的。即使对教师自己的职业幸福而言，教育的爱也非常重要。如果一个老师不爱自己的职业，不爱自己每天面对的孩子，就相当于一个人找了一个不爱的老公或老婆和他生活一辈子，不但自己痛苦，对方也痛苦。所以你在选择教师做职业的时候，就得问问自己，我爱这个职业吗？当然，"没有爱就没有教育"，不等于说"有了爱就有了教育"。这是我下一个要讲的话题了。

(2022年2月21日)

2. 大家好！今天我讲的第二个常识，是"智慧"。没有爱就没有教育，这是常识；但只有爱也没有教育，这同样是常识。和爱同等重要的，是智慧，而智慧来自思想，来自实践，来自民主与平等的现代意识，来自渊博的学科素养和厚重的文化底蕴——一句话，来自不可替代的专业能力。著名特级教师王栋生说过一句话："一个学校最可怕的事情是，一群愚蠢的教师却兢兢业业。"可能有老师会感到委屈，毕竟兢兢业业的老师都是有爱心的，但吴非这里想强调的是，教师不应该愚蠢，而应该是在爱的基础上有智慧。请每一个老师都想想，我是不是那种兢兢业业的愚蠢教师。

(2022年2月22日)

3. 原以为教育爱心只讲一次就够了，但看了一些留言，我觉得还得多说几次。有人说："对学生，我实在爱不起来啊？怎么办？难道我就不能做教师了？"当然不是，教师还是可以做的，只是你的幸福感要少得多。我特别想说的是，爱是一种情感，而情感是不能伪装的，情感的培养也有一个过程。所以，面对学生，你可能做不到爱，但尊重是能够做到的吧？热爱是内在的情感，尊重是外在的行为。尊重意味着不歧视，不冷落，不辱骂，不体罚，不贬低人格，不损伤自尊。没人强迫你必须为学生付出工资以外的辛劳，但只有尊重每一个学生，你才对得起你的这份工资。结论：可以暂时不爱，但必须尊重。

(2022年2月23日)

4. 我九岁时父亲就去世了。那天早晨我去上学，班主任老师看到我手臂上戴着青纱，什么都没说，用手摸了摸我的头和脸蛋。那一刻，我感到无比温暖。我就想，以后我也要做这样的老师。读中学时我曾犯了一个小错，老师批评我，我也接受，但我受不了她反复地追问："你为什么要这样做？"我怎么知道我为什么要犯错误？如果知道了我就不会犯了。当时我就想，以后如果我当老师，决不做反复追问犯错学生"为什么要这样做"的老师。所以，我认为，所谓"如何爱学生"，其实很简单，就是，假如你是孩子，你希望遇到怎样的老师，你就去做那样的老师；你特别烦怎样的老师，你就千万别做那样的老师。

（2022年2月24日）

5. 我女儿的初中语文老师特别崇拜我，我怎么做，她就照着学。我教了几十年语文，几乎没有类似做试卷、抄词语等作业。但我会布置学生提前预习课文，第二天到课堂上来交流。有点类似于现在的"翻转课堂"。女儿刚读初中不久，我就发现她的语文任务特别多，常常睡得很晚。一了解，原来她的老师在学我，也让学生们提前自习。我一下意识到，我加重了学生的负担。于是决定减轻甚至取消学生的预习任务。我心疼我的女儿，自然也心疼学生。所以，我要说，所谓"爱孩子"，就是多想想，假如是你的孩子，你希望他遇到怎样的老师，你就去做那样的老师；如果你不希望他遇到怎样的老师，你就千万别做那样的老师。

（2022年2月25日）

6. 我今天再说教育的爱心。教育之爱，绝不是迁就与纵容，不是放任与姑息，不是一切由着学生的性子。真正的教育爱心，必然包含着严格要求。而严格要求并不是爱之外的东西，而是爱本身。或者说，严格要求，就是爱的一种呈现方式。这里的严格要求，包括思想引领，行为规范，包括对违纪行为予以制止和批评，乃至必要的处分和合理而适度的惩罚。当然，无论多么严格，都有一个不可逾越的红线，就是对学生人格的尊重。如果放任学生，不管不顾，那也是缺乏爱心的表现。既亲切关怀，又严格要求，这才是完整的爱。

（2022年2月26日）

7. 我谈"假如是我的孩子"时，以语文预习为例，说当老师应该"幼吾幼以及人之幼"。这才是重点，结果不少朋友关注的是语文预习，便给我商榷，说语文预习很重要，等等。所以今天我不得不再说几句。看来我这个例子举得不恰当，引起了朋友们的误解。但我的观点还是对的，就是教师应多设身处地地想想，你希望自己的孩子遇到怎样的老师。至于语文学习，因为不是我谈的重点，又只有60秒，所以我没法展开说。以后我会谈到语文学习的，这也是教育常识60秒的内容。现在简单说几句，预习当然重要，但并不一定每天都要预习，还是应该根据内容。学好语文就三点：多读，多写，多背。我就是这样指导学生学语文的，也是这样教我女儿学语文的。

（2022年2月27日）

8. 既然教育的爱包括了严格要求，那么，教育惩罚也就是理所当然的了。因为所谓良好的行为习惯往往是通过强制而慢慢形成的。比如，遵守纪律就是一种强制，但遵守纪律养成了习惯，便成了一种自觉。所以只有说服而没有惩罚的教育，显然不是完整的教育。只是：第一，不要轻言惩罚；第二，惩罚之前必须让犯错学生明白，为什么要受罚；第三，最好把对学生的惩罚变成学生的自我惩罚；第四，这是最关键的，惩罚绝不是体罚；第五，特别重要的，是惩罚之后还要有非常细致的思想工作。那肯定有人要问了，具体怎么操作？呵呵，我这里无法展开，但我的镇西茶馆有太多我当班主任是如何进行教育惩罚的文章。欢迎大家去看。

（2022年2月28日）

9. 爱学生，就必须善于走进学生的情感世界。而要走进学生的情感世界，首先就必须研究他们的情感。苏霍姆林斯基说："每个孩子都引起我的兴趣，总想知道，他的主要精力倾注在什么上面，他最关心和最感兴趣的是什么，他有哪些快乐和痛苦，等等。"这段话让我非常感动：一个享誉全球的大教育家竟然有一颗这样的童心！还是这位我敬重的教育家，曾在一个春天，和他的学生们共同买了三条小木船，然后划到一个荒无人烟的小岛上去探险。教育家写道："可能有人会想，作者想借这些事例来炫耀自己特别关心孩子。不对，买船是出于我想给孩子们带来快乐，而孩子们的快乐，对于我就是最大的幸福。"把孩子的快乐当作自己的幸福，这就是教育。

（2022年3月1日）

10. 很多老师常问我："如何处理好宽与严的关系？"过于亲近学生吧，没威信，可是如果过于严厉呢，学生又怕自己。我认为，关键要把握好良师益友的关系。良师，就要严格要求学生；益友，就要呵护亲近孩子。只做良师，或只当益友，都不会成为好老师。对于新接班的老师来说，应该先建立情感和信任，让孩子迷上你、依恋你。有了这个情感基础，你无论如何严格要求，都不算过分。怕就怕，要么只是做孩子的朋友，要么只当学生的警察，这都会妨碍正常的师生关系的建立，也会影响教育效果。肯定会有老师问："具体怎么做？"呵呵，我写过许多相关文章谈建立良好师生关系的操作，你们可以去找来读。我这 60 秒无法展开说。请理解！

(2022 年 3 月 2 日)

11. 今天接着讲教育的宽与严。老师也是人，也会有情绪化的时候，这是难免的。我曾经也有因冲动而教育失当的时候。有一次，有一男生欺负一女生，我严厉地呵斥他，叫他住手，可他依然举起扫帚打那个女生。我一气之下，冲过去抓住他的胳膊，因为我用力过猛，把他捏疼了，他哇哇大叫。但因为平时我对他很好，他也特别依恋我，所以事后他不但向女生认错，而且也没记恨我。所以，我想说，所谓宽严，还是在于感情基础。有了情感，嬉笑怒骂皆成教育。

(2022 年 3 月 3 日)

12. 好像"教育惩罚"成了一个"敏感词"。即使是赞成教育惩罚的老师，也不愿说"惩罚"而说成"惩戒"。其实，"惩戒"即"惩罚以示警诫"，没必要讳言。我认为，教育不能没有惩罚，但教育惩罚不是体罚。所谓"教育惩罚"，是对不良行为的一种强制性纠正。这既可以体现在精神上，也可以体现在行为上。前者如警告、记过等纪律处分，包括对严重影响课堂秩序的学生请出教室让其反思；后者是对某些过失的补偿性行为，比如做卫生不认真而罚其重做，等等。这些惩罚与尊重学生并不矛盾，正如著名教育家马卡连柯所说："确定整个惩罚制度的基本原则，就是要尽可能多地尊重一个人，也要尽可能多地要求一个人。"

(2022 年 3 月 4 日)

13. 不知老师们想过这个问题没有，如果一个孩子犯了错误，被请到办公室，老师对他说的第一句话应该是什么？通常情况，老师往往会说："站一会儿！"或"自己先好好想想，为什么要犯这个错误？"或者先劈头盖脸批评一通再说。我认为，无论这个孩子犯了多大的错误，老师请他到办公室后对他说的第一句话应该是："请坐！"反正我就是这样的，不但对孩子说"请坐"，还要给他端一杯水，说："请喝水！"估计有老师会说我对学生太客气了。不是。孩子是来受教育的，而平和亲切的师生关系，才能让你的谈心真正有效果。更重要的是，老师给予犯错孩子人格的尊重，这本身就是一种以身示范，一种无声感染，即以平等培养平等，用尊重养成尊重。

（2022年3月5日）

14. 我认为，所谓"好课堂"，就是"有趣"加"有效"。有趣，就是能够吸引学生，让学生在课堂上兴趣盎然，心情愉悦，如沐春风，觉得时间过得很快，下课后盼着第二天再听这位老师的课。有效，就是教师完成了教学任务，而学生们有成果——无论知识的，能力的，情感的，思想的，总之有收获。有趣，是手段；有效，是目的。如果只是有趣而没有效，课堂就成了看笑话，搞笑而已。但如果课堂没趣，只追求所谓的有效，一味地灌输，这样的课学生不爱听，也很难达到真正的有效。一堂课四十分钟，每一分钟都是生命的流淌，所以我们应该敬畏这每一个四十分钟，通过有趣吸引学生，通过有效发展学生，对得起学生和自己生命的每一分钟。

（2022年3月6日）

15. 昨天说了好课堂应该既"有趣"又"有效"。如何才能达到"有趣"？语言的诙谐风趣，让课堂妙趣横生；将知识和学生的生活相联系；引导课堂讨论甚至争鸣；组织学生参与课堂教学，让学生自主学习……这些都能让学生感到课堂有趣，因而愿意全身心地投入。如何才能达到"有效"？最重要的一点是，把教师"教"的过程变成学生"学"的过程，教师的所有的教学逻辑都应该服从于学生学的逻辑。最有效的教，就是指导学生自己学，包括小组内的合作学习，以及相互讨论、交流、争论、分享……组织并指导学生在课堂上不停地自学与交流，成绩自然会提升。"有效"当然不只是指成绩提升，但这却是一个最重要也最直观的指标。

（2022年3月7日）

16. 所谓"好教育"，就是"既有意义，又有意思"的教育。"有意义"，是站在教育者的角度说的：我们的责任、使命、理想，我们的教育目的，我们所要传递给学生真善美的品质，还有要培养他们的公民意识与创造精神……"有意思"，是站在孩子们的角度说的：情趣，浪漫，好玩儿，妙趣横生，其乐融融，心花怒放，欢呼雀跃，心灵激荡，泪流满面——或是教室里老师讲的一个跌宕起伏而又感人肺腑的故事，或是师生之间在田野上的追逐以及让风筝在蓝天写诗……如果我们的教育只有意义，那就成了空洞乏味的说教；如果我们的教育只有意思，那便成了浅薄低俗的娱乐。而既有意义又有意思的教育，才是完整而完美的教育。

（2022年3月8日）

17. 今天的教育主要是"意义"过度而"意思"不足。从总体上说，我们的教育还是说教比较多，且符合儿童心理的趣味不够。所以，我今天要呼吁：请给教育多一些"意思"！让教育"有意思"，其实就是苏霍姆林斯基所提倡的，让教育的痕迹尽可能淡化："在自然而然的气氛中对学生施加教育影响，是这种影响产生高度效果的条件之一。换句话说，学生不必在每个具体情况下知道教师是在教育他。教育意图要隐蔽在友好和无拘无束的相互关系气氛中。"无数优秀教师的成功经验已经证明，教育的意图隐蔽得越好，教育效果就越佳。不动声色，不知不觉，了无痕迹，天衣无缝，润物无声，潜移默化……这些都是教育的艺术，也是教育的境界。

（2022年3月9日）

18. 一说到班主任"带班"，我们可能会想到这个"理念"那个"原则"，还有什么"打造班级文化""创建特色班级"，甚至连"品牌班级"的概念都诞生了，还有诸如"兵法""绝招"之类的"秘诀"，令人眼花缭乱、目不暇接。其实，真理总是朴素的。根据我三十余年当班主任的体会，我可以用一句话概括我带班的做法——多搞活动多谈心。我就靠这七个字带了几十年的班，总的说来，我所带的每一个班都还不错。"多搞活动"是面向全体，"多谈心"是面对个体；"多搞活动"是班级建设，"多谈心"是精神引领。双管齐下，互相促进，相得益彰。共性教育与个性引导的辩证统一，尽在这七个字的实践中。具体怎么做，我明天再稍微展开说。

（2022年3月10日）

19. "多搞活动多谈心"是我当班主任的经验。先说"多搞活动"。这些活动，可以涉及德、智、体、美、劳各个方面；就形式而言，可以是学习交流、社会调查，还有文艺娱乐、远足郊游……"多搞活动"是通过淡化教育痕迹的方法来获得并非淡化的教育效果。所以，班主任善于组织各种生动有趣、寓教于乐的活动，最能使学生形成真善美的精神品格。我所带的学生，他们拥有丰富多彩的记忆：不但有学习拼搏的记忆，还有在乡间奔跑的足迹，在公园撒欢的印记……但现在上级以所谓"安全"为由剥夺了孩子们的户外活动，这剥夺的不只是教育的丰富多彩，还有孩子们精神世界的斑斓色彩。我呼吁，还教师组织学生走进大自然的自由。

（2022年3月11日）

20. 昨天说了"多搞活动"，今天再说"多谈心"。其实，所有班主任都会给学生谈心的，但一些老师的谈心对象往往只是犯了错误的学生。而我这里说的"谈心"指的是和班上每一个孩子谈心。所以，我当班主任时，总是以学号为序每天轮流找学生单独谈心。这种谈心并非功利性很强的"教育谈心"，相反它在形式上更像是和孩子"随便聊聊"：你最崇拜的偶像？你喜欢欧洲杯的哪支球队？你最近读了什么书？这对班主任是一个考验，因为和学生谈心的前提是了解"这一个"学生的心灵，即他在想什么。唯有这样，我们才可能真正走进每一个孩子的心。当然，现在许多非教育的任务压着老师，他们无暇找学生谈心，所以我这里呼吁：请解放老师！

（2022年3月12日）

21. 我前几天说了，好的课堂要有趣而有效。我这里再补充几句：第一，我说好的课堂要有趣，是一个原则。有的朋友非要理解成每一堂课每一句话都必须有趣，认为所谓有趣即是逗学生笑。这让我哭笑不得。第二，有朋友说理科课堂不可能有趣。我说我认识太多的理科老师，课堂非常有趣，比如我的高中物理老师张老师，因为她的物理课实在太有趣，我迷上了物理，还当上了物理课代表。还有我原来工作过的成都玉林中学、石室中学、武侯实验中学，都有太多的数理化老师的课非常有趣。第三，所谓有趣，不是在课堂上讲笑话、说段子，而是让学生对课堂产生兴趣，从这个意义上说，让课堂有趣的方式很多：让学生参与课堂教学，变满堂灌为在老师指导下小组合作，这会让学生喜欢课堂；把知识与学生的生活打通，让学生在学习时不知不觉联想到自己的生活，这会让课堂有趣；理科的各种实验，文科的各种活动，也可以让课堂有趣；在课堂上激发学生不同观点的争鸣碰撞，这可以让课堂有趣；在复习课上，将有关知识编成竞赛抢答题，或者让学生自己出考题，等等，都可以让课堂有趣……

（2022年3月13日）

22. 曾经有新教师问我如何在第一堂课就树立威信,我说除了把第一堂课上得让学生着迷之外,你可以向学生承诺:你上课绝不会拖堂。曾经搞过问卷调查,我意外发现,学生最反感老师的缺点之一,竟然是不按时下课,老拖堂!应该说,爱拖堂的老师一般都是非常负责的老师,但这些负责的老师可能没意识到,你的负责,却侵犯甚至剥夺了学生仅有的十分钟的休息时间。尊重学生,在我看来,这里的尊重不仅是老师不打学生、不骂学生,而且是随时心中都装着学生,包括不拖堂的细节。所以,不拖堂,教师对学生的一种自然而有效的教育示范——尊重的示范、守时的示范,让学生也形成尊重他人的观念和遵守时间的习惯。

(2022年3月14日)

23. 就应试而言,语文学习也需要一定的作业和考试,包括应试技巧的训练,但语文素养的提高不能仅仅靠作业和训练。就素养而言,多读、多写、多背,是学好语文的三把钥匙。多读,就是尽可能有广博的阅读,做到情不自禁地手不释卷;多写,指的是融入生活的自我表达,包括日记、随感等。多背,就是在理解的基础上,通过反复诵读经典作品而自然刻在大脑里,使你常常在需要表达的时候脱口而出。我教了几十年的语文,我的每一个学生都可以证明,我的作业很少很少,但语文任务却很多很多,而所谓"语文任务"就是让学生多读、多写、多背。我也是这样教我女儿学语文的。接下来的几天,我还将分别说说多读、多写和多背。

(2022年3月15日)

24. 多读,是语文学习的第一把钥匙。我经常对学生说:"理科学习靠题海,文科学习靠书海。"没有广博的阅读,仅仅靠课文上那几十篇课文,是不可能真正提高语文能力的。而一个孩子如果有了海量的阅读，不读语文课本他照样可以形成语文素养。当然，"多读"指的是读好书，读经典的书，而不是读浅薄无聊的垃圾印刷品，更不是读有害的"毒品"。我特别主张孩子多读适合他们年龄段的人文书籍——低段孩子可以多读绘本、儿童诗等童书，中段孩子可以多读整本的文学作品和历史方面的书籍，高段的学生则可以加上文化和哲学等方面的读物。具体读什么书，已经有太多的推荐书目，我这里就不开书单了。希望阅读成为孩子们重要的生活方式之一。

（2022年3月16日）

25. 多写，是语文学习的第二把钥匙，孩子能够将阅读中吸取的养料转化为自己的思想、情感，并表达出来。这里说的"写作"远不只是完成老师布置的作文题，还要融入日常生活中的日记、随笔，等等，形式不论，内容灵活。对中低段的孩子来说，写作难免会有仿写的痕迹，这不要紧，这是学习写作的必经阶段。写作，不单单是写作，它伴随着阅读、思考和观察，所以写作实际上是综合的语文能力训练。特别要强调的是，要让孩子在写作中心灵自由飞翔，即真情实感，随心所"语"，千万不要说假话——当然，在结构、语言等方面模仿名篇，不能算是"作假"。总之，没有多出课堂作文数十倍的生活化写作，是不可能提高写作能力的。

（2022年3月17日）

26. 多背，是语文学习的第三把钥匙。现在有人认为只要能够查到的知识都不用背。这个观点有道理，但这话不能无限"覆盖"，比如它就不适合于文学。好比锤子、改刀之类的工具不必随身携带，需要用的时候去拿就是了；但每个人的血肉却必须是自己体内的，而不可能是"外在的储存"。所以让孩子在其记忆力最强盛的时代，通过背诵将最经典的古诗文化作自己的血肉，这是形成终身语文能力的"童子功"。当然，并不是所有古诗文都要背，我依然强调背诵经典诗文，且越多越好。肚子里"别人的东西"储存多了，渐渐就内化为自己的东西了，必然出口成章、行文流畅。所谓"熟读唐诗三百首，不会吟诗也会吟"，这个古训永远不会过时。

（2022年3月18日）

27. 学校教育当然很重要，但无论多么重要，都只是家庭教育的重要补充。而我们常常不切实际地夸大学校教育的作用，夸大教师对学生的影响。其实，一个孩子能否成才，和父母有直接的关联。最起码孩子的智力就取决于其父母的遗传基因，这点我们始终不愿意公开承认。一个孩子优秀与否，首先是其父母决定的。以品行而言，孩子做人的高下，取决于其父母的家庭教育。所谓"优生"不全是教师教育出来的，所谓"差生"也不全是学校培养的。如果一个孩子举止文雅，善良有礼，文质彬彬，富有教养，我们很自然会想，这孩子的家庭教养真好！而不会问："这孩子的班主任是谁呀？"同样，一个孩子举止粗俗，言行不一，满口脏话，不讲卫生，懈怠懒惰……不能说和学校一点关系都没有，但关系实在不太大，而和他家庭教养太糟糕倒有着重要的关系。

（2022年3月19日）

28. 说到家庭教育的弊端，已经有越来越多的人对一句曾经流行的话提出了质疑："不能让孩子输在起跑线上。"但如果我们对"起跑线"赋予新的内涵，这话便是站得住脚的。我认为，孩子的"起跑线"不是他学习的第一个台阶，而是他最初的家庭教育，而家庭教育施教的主体则是其父母。因此我说——父母是孩子最好的"起跑线"！这里的"起跑线"，不是指的知识，而是指人格。所谓"父母是孩子最好的起跑线"，并非意味着父母的学历有多高、学问有多深，而是指父母具有的尽可能完美的人格，其内涵包括：善良、正直、勤奋、宽容、好学，等等。如果一个孩子有了这样的父母，他的人生便有了很好的起跑线。从这个意义上说，"拼爹"是没错的。

（2022年3月20日）

29. 家长对孩子说的最多的话，可能是："好好读书！"但是，我们不少家长自己却从不读书。这样的家长，无论他给孩子说多少遍"好好读书"，效果都是有限的。相反，家长自己做一个勤奋读书的人，这种感染力，胜过你对孩子说一百遍"好好读书"。我女儿小时候，我从来没有对她说过"要好好读书"，但有一次我读博回家时，她到我书房说："爸爸，我以后也要考博士。"虽然她后来的最高学历并不是博士，但她至今依然保持着读大量纸质书的习惯，而且这些书多数和她的工作专业无关。这种已经成为她生活习惯的阅读，胜过一纸博士文凭。所以，当你骂孩子不好好读书的时候，请首先问问自己："我是一个热爱阅读的家长吗？"

（2022年3月21日）

30. 家长应该读什么书？我建议读四类书：第一，有关家庭教育的书。家庭教育本身是一门科学，不能凭感觉。尹建莉、孙云晓、朱永新、卢勤等人的书，都能给我们以启发，因为他们都不仅仅是专家，而且也是优秀的家长。第二，读人文书籍。哲学、政治、经济、历史、文学等，都应该在你的视野内。这和你的专业无关，但和你的精神充盈有关。而精神充盈的家长，无疑会让孩子的精神也丰满起来。第三，读和你本职工作有关的专业的书。比如，如果你是一名医生，孩子看见四十多岁的爸爸或妈妈还在钻研医学书，这对孩子是多大的激励！第四，读孩子喜欢读的书。这样既能和孩子拥有共同的话题，又能通过读孩子的书让自己保持一颗童心。

（2022 年 3 月 22 日）

31. 我曾说过一句话："最好的管理莫过于示范，最好的教育莫过于感染。"你想孩子成为怎样的人，你就先做那样的人！想想，我们要孩子做的，我们做吗？如果我们给孩子提出要求而自己却不愿去做，怎么指望孩子也言行一致？网上有一句话很刻薄，说一些家长明明自己一摊污泥，有什么资格"恨铁不成钢"？这话难听，但不无道理。"如果以对孩子的要求来要求自己，我们就非常了不起了！"你要孩子善良，你善良吗？你要孩子正直，你正直吗？等等。我们好好想想我们给孩子们提过哪些做人的要求，然后我们如果认真把这些要求都做到，那么简直可以称为"圣人"！所以我说，所谓"教育"，就是你想要孩子有的，你先得拥有。

（2022 年 3 月 23 日）

32. 家庭教育最终的原则，就是父母对子女的尊重。而这尊重，首先是对其心灵世界的尊重。处于青春期的中学生，尤其需要这种尊重。比起小学生，中学生显然有着更复杂而又不愿轻易向长辈们敞开的内心世界；他们虽还不可能真正脱离家长、老师的呵护，却有着强烈的自主意识；他们开始关注自身的形象（容貌、风度等），也尝试着用自己纯净的眼睛打量社会、审视世界；当然，对包括家长在内的大人们，他们也在暗中评头论足……这些"意识""关注""打量""审视"以及"评头论足"当然还很幼稚，但这是"人的第二次诞生"！家长应该像当初对待婴儿的第一声啼哭一样，以积极的态度来帮助孩子完成这"精神生命"的"诞生"。

（2022 年 3 月 24 日）

33. 尊重子女的心灵世界，就要保护子女的个性。遗传基因可能会在孩子身上留下父母的许多烙印（相貌、性格、天赋等等），但孩子首先是一个独立的人。企图迫使孩子成为第二个自己的家长是愚蠢的，这种做法也是有害的；反之，如果每一位家长都努力使自己的孩子独具个性，那么，我们国家将会拥有更多的创造性人才。你喜欢画画，不必强迫儿子成为画家；你喜欢唱歌，不必非要女儿成为歌唱家不可……让孩子多一种爱好多一些修养当然必要，但是这不能以磨灭孩子的个性为代价。从人才学的角度讲，越有个性的人，将来越具有创造力。家长为社会贡献一个个性鲜明的儿子或女儿，就为这个缤纷的世界又抹上了一笔艳丽的色彩！

（2022 年 3 月 25 日）

34. 尊重子女的心灵世界，就应允许子女拥有自己的"精神空间"。这里的"精神空间"主要是指孩子的"秘密"甚至"隐私"。不少家长总抱怨，孩子进中学后不那么愿意父母翻他们的书包了，还爱一个人关在房间里不知道干些啥，爱偷偷写日记却从不给家长看，小书桌的抽屉也不知道什么时候安上了锁……孩子越来越大却越来越不愿和我们交谈了。其实，"闭锁性"是中学生的心理特征之一；孩子有属于自己的"精神空间"，这是他们走向成熟的表现。家长们应该高兴才是，而不应该以粗暴方式去践踏孩子的"神圣领地"。如果家长对孩子的心灵世界越尊重（这种尊重是发自内心的而非故作姿态），孩子也许会把你当作朋友并向你敞开心扉。

（2022 年 3 月 26 日）

35. 尊重子女的心灵世界，还应宽容孩子的"逆反心理"。实际上，"逆反心理"并不只是中学生有，成人也有。只是"逆反心理"在中学生身上表现得更为突出。一般来说，他们不愿意一言一行都听命于家长，总想体现出思想上甚至行动上的"独立性",但他们毕竟还不成熟,所以难免"偏激"。一味迁就孩子的"逆反心理"当然无助于他们的成熟,正确的引导是必要的。但引导的前提是宽容其存在,并承认其中的积极因素。"逆反心理"所蕴含的最大积极因素是不盲从并且愿意用自己的大脑去思考。如果只是靠斥责来强迫孩子就范,那么,我们在压制孩子逆反心理的同时,很可能为其下一步的人格发展埋下悲剧的种子。

(2022 年 3 月 27 日)

36. 尊重子女的心灵世界,还要正确看待孩子对异性的感情。这里不是指真正意义上的"爱情",而是指青春期少男少女对异性的好感。成长中的中学生开始具有了归属感,他们对同龄人有着强烈的交往欲,其中包括对异性同学的交往。其实,对大多数中学生来说,在男女同学交往的问题上,他们的观念要比一些家长纯洁得多。孩子们有时把握不好交往方式与分寸,这需要家长给予指导;但不能简单地斥之为"早恋"。当然,确有少数孩子与异性的交往具有一定程度的"爱情"倾向,对此,家长仍然应该在尊重的前提下进行正确引导。不管子女的异性交往是否具有爱情色彩,家长都应对孩子进行爱情教育,以此培养子女的高尚道德情感和道德信念。

(2022 年 3 月 28 日)

37. "读到自己,读出问题"——这八个字是我曾经给历届学生讲过的读懂了一本书的标准。这是我个人的阅读体悟,也是我的阅读原则。"读到自己",是从文本中读到了相似的思想、情感,熟悉的生活、时代……是欣赏,是共鸣,是联想,是审美;"读出问题",是从文本中读出了不明白的地方,不同意的观点……是质疑,是追问,是研究,是批判。在读一本书的时候，"读到自己，读出问题"可能同时产生——既读到自己，也读出问题；也可能有所侧重——或读到自己，或读出问题。文学作品，可能更多的是读到自己，因而不停地感动；学术著作，可能更多的是读出问题，因而不停地思考……这都叫读进去了，或者说叫读懂了。

（2022年3月29日）

38. 教育要"目中有人"的含义是，要把学生看作有自己独立灵魂的人。真诚的素质教育者理应把学生看作有灵性的活生生的人，而不是教师见解的复述者，更不能成为教师上公开课时表演的道具！我们不应把学生的大脑当成一个个被动接受知识灌输的空荡荡的容器，而应看作是一支支等待我们去点燃的火炬，它们一旦被点燃必将闪烁着智慧的火花、创新的光芒。因此科学地培养学生的创造力，与其说是手把手地教学生怎样去做，不如说是尊重学生思考的权利，并给学生提供一个个发表独立见解的机会，特别是要鼓励学生敢于向书本、向老师、向名家、向一切"权威"说"不"！一切听命于教师的学生绝不是好学生，将来也不可能成为有创造力的好公民。

（2022年3月30日）

39. 教师当然应该有道德追求，但我们不能用圣人的要求来要求教师。陶行知说："捧着一颗心来，不带半根草去。"每次读到这句话，我都非常感动。陶行知本人就是这句话的实践者。不过我又想，对于大多数普通老师来说，"捧着一颗心来，带半根草去"也不要紧的——在付出的同时，合理合法地追求正当的利益，也无可厚非，这和爱也不矛盾。苏霍姆林斯基说："我把整个心灵献给孩子！"他也的确做到了，但对大多数普通老师来说，不必要求他们把"整个心灵"献给孩子，要允许他们留点儿心灵给自己的爱人、孩子和父母，我认为这也是可以的。不能因为提倡师爱，而要求每一个老师都做"圣人"。一切合法合规，才是正常的职业。

（2022年3月31日）

40. 校长常常告诫教师："以人为本！"这里的"人"当然是指"学生"。但校长不应该忘记：要让教师以学生为本，校长必须以教师为本。只有校长把教师当人，教师才能把学生当人。校长对教师提的所有爱学生的要求，都可以也应该用于校长对教师：真诚、欣赏、尊重、倾听、平等、爱护，等等，这些词的含义同样应该体现在校长对教师的态度上。有位教育家说过，一个优秀的教师一刻也不要忘记自己曾经是个孩子。那么同样的道理，一个优秀的校长也一刻不应该忘记自己曾经是一名普通教师。校长应该经常想想，我当老师时，最反感校长怎么做，那我就尽量别那么做；我当老师时，最希望校长怎么做，那我就努力去那样做。这就是好校长。

（2022年4月1日）

41. 上一期教育常识六十秒我谈到校长应该以教师为本，没有想到引起强烈反响。看来不尊重教师的校长还不少。但我们不能由此否定所有校长。因为这个栏目只有一分钟的时间，每次我只能侧重谈一方面，所以我今天就谈谈另一方面。一般来说，只要真正要办教育的校长，都不可能不尊重教师，因为教师是办好学校的关键因素。尊重教师、关心教师、理解教师的校长大有人在。我没有统计学意义上的大数据，不好说这样的校长是多数还是少数，总之在我的视野里这样的校长不少。随便举几个：四川北川永昌中学的刘应琼校长、北川中学的刘亚春校长，就是这样的校长。我多次去过他们的学校，很是感动。还有原深圳明德实验学校的程红兵校长、成都天府中学附属小学的陆枋校长，等等，都是真心办教育，因而把教师放在心上的校长。对了，还有原北京十一学校的李希贵校长，虽然有一些人对他有争议，但至少在尊重教师这一点上，我很佩服他。他曾写过一本书，书名就叫《教师第一》。我也当过校长，深知当校长之不容易。因此，在谴责一些不尊重老师的校长的时候，我们也应该多宣传好校长。只有好校长多了，好教师多了，中国教育才有希望。

（2022年4月2日）

42. 我们对学生进行集体主义教育是没有错的，集体的强大是个人利益的保证，但无论如何不要忘记，集体是为个人而存在，而不是相反。在某些特殊时候，比如外敌入侵和自然灾难，没有了强大的集体，个人便失去了保护的屏障，因而便没有了个人。但从常态看，从终极意义上说，应该是没有了个人，集体什么都不是。如果这个集体，不但没有保护个人的利益与尊严，反过来还侵犯每一个体成员，那么它根本就没有存在的必要。所以我们的班级建设，目的在于呵护孩子稚嫩的心灵，培育其健全的品格，传授文化知识，让他们成为真正意义上的人。可见从根本上说，人不是集体的工具，而集体才是工具，是培养和发展人的工具。

（2022年4月3日）

43. 有的"班集体"看起来也许纪律良好，团结一致，但这是以压抑学生个性作为代价换来的，学生在性格、兴趣、才能、思维等方面的任何一点与众不同，都会在"服从集体"的名义下渐渐消失。我们所期待的班集体，同样不可缺少统一的目标、严格的纪律，同样需要学生对集体规则的服从，但从某种意义上说，这些都不是目的而是手段，是为每个学生个性发展服务的。只要不违反纪律，不损害集体利益，集体就应该对学生各方面的"异常"甚至"异端"充满宽容。通过班集体，学生能够以各种方式发现、发挥、发展自己独特的禀赋与才能。而几十个个性鲜明、才华各异的学生又组成了一个既有统一意志，又有色彩斑斓的、富有个性的集体。

（2022 年 4 月 4 日）

44. 我认为教育不应违背儿童的天性。当然，"不应违背"并非一味迁就，更不是放纵儿童的恶习，而是把童趣引导到正当的途径和允许的范围内发挥，这将会使学生的心和教师的心贴得更紧。如果教师本人甚至也保持或培养一点"儿童的天性"，那么简直可以使师生之间心灵相通。为了培养同学生的感情，我努力准确地记住每个学生的生日，并坚持在学生生日那天送去一个小小的礼物，假期也不例外。参加工作以后的每年正月初一，我都邀约学生带上香肠、小香槟、糕点，一起来到郊外，在欢声笑语、追逐打闹中共度新春佳节。跟孩子们一起捉迷藏、一起丢手巾、一起打水仗、一起包抄手……的确是一种享受。当教师与学生在不知不觉中形成了依恋感，我们的教育有时会产生连教师本人也意想不到的效果。

（2022 年 4 月 5 日）

45. 无论学生犯了怎样的错误，保护其自尊心是至关重要的。这方面我年轻时曾有过教训。为了"刺激"我眼中的后进生改正缺点，我曾让全班选举"最差的同学"，然后请当选者在班上做检讨，并做出改正错误的"保证"。这样的结果，并没有让这些学生进步，相反让他们自暴自弃。随着教龄的增长，我越来越信服这种观点，教师想尽量直截了当地帮助学生改正缺点，把他的缺点公之于众，以使其他学生从中吸取教训，不犯类似的错误，这种方法是最不成功的，因为这无异于把孩子心灵中最敏感的地方——自尊心、个人尊严、自豪感统统暴露于外，并使之受到伤害，这种教育所造成的损失是难以估量的、无法弥补的。要铭记苏霍姆林斯基的忠告："自尊心是人格的顶峰。"

(2022年4月6日)

46. 我们往往视学生的心灵为未开垦的处女地，而总想在这片土地上播种、耕耘、收获。于是，说教式教育产生了：总是企图在学生"空荡荡"的思想容器里注入些"美好的思想"。其实，孩子们的心灵中本来就存在着固有的美德因素，因为从幼儿园起，他们就受着来自不同方面的良好教育；到了小学和中学阶段，即使是品德有缺陷的学生，其心灵中也有美好的东西。所以，我们面对的教育对象，绝不是一块处女地，而是一片已经或正在生长着美好幼苗的肥沃田地。教师的责任，在于发现、扶正学生心灵土壤中的每一株幼苗，让它不断壮大，最后排挤掉缺点的杂草。因此教育工作者面对学生，首先不是"灌输"，而是"发现"；同时也教会学生自己"发现"，自己克服缺点。

(2022年4月7日)

47. 在提倡学生之间平等相处的同时，我们应注意唤起一些差生内在的尊严。往往有这种情况，对于一位自卑感很重的学生，无论同学们怎样对他友好，他都表现出一种孤傲和冷漠。在这种情况下，同学们的热情成了礼貌，而他的勉强应酬则成了客套。这不是真正的平等精神。因此唤起部分差生的尊严，是使他们具有平等意识的关键。尽管现在的学校教育大多是把学生的尊严只体现在分数与名次上，但是我们班主任应该善于帮助学生发现并发展他自己独特的禀赋与才能，使他们产生"我有着其他任何人都不可能有的智慧"的自信与自尊。正如苏霍姆林斯基所说："共产主义教育的英明和真正的人道精神就在于：要在每一个人（毫无例外的每一个人）的身上发现他那独一无二的创造性劳动的源泉，帮助每一个人打开眼界看到自己，使他看见、理解和感觉到自己身上的人类自豪感的火花，从而成为一个精神上坚强的人，成为维护自己尊严的不可战胜的战士。"而唯有使每个学生都成为这样的"战士"，平等意识才会真正深入他们的心灵，成为理性的认识，而不仅仅是一种礼貌甚至只是一种敷衍。

（2022年4月8日）

48. 应该注重富有个性的教育，因为不同的学生本身就是各具个性的。所谓"个性教育"可以从两个层面来理解。对学生而言，"个性教育"是指重视学生的需要、兴趣、创造和自由，尊重人的尊严、潜能与价值，反对一切非人性的教育措施，培养完美的人格，促进学生生物的、社会的、认知的、情感的、道德的及美感的整体成长，成为健全的社会公民。对教育者而言，"个性教育'，则要求教育具备科学与民主的教育思想以及富有创造性的教育方式、方法与手段。对前者，还远不能说已经得到教育界的普遍重视；而对后者，则更是容易被视为"异端"。在很多时候，即使教育思想完全一致，教师在具体做法上的任何一点"与众不同"也会遭到扼杀。这样的教育是没有生命力的。

（2022年4月9日）

49. 教师应该具备一点儿童般的思维。我们常常说要多理解学生，但有时学生的言行，站在教师的角度看，是很难理解的。在这种情况下，只要我们站在学生的角度考虑一下，就很容易理解了。这当然不是说要把教师的思想降低到学生的水平，而是说如果我们学会点"儿童思维"，将更有助于我们真正理解学生，从而更有效地引导并教育学生。比如，孩子们总是怀着善良的美好的动机去做事，渴望得到周围人的赞扬、寻求心理满足。

但是他们生理心理发育还不成熟，考虑事情欠周到，常常把好事办成了坏事，其实这对儿童来说是很自然的。这是"可爱的缺点"。只有童心才能理解童心；只有学会"儿童思维"，教师才能够发现学生缺点中的可爱之处，甚至智慧之处。

（2022 年 4 月 10 日）

50. 今天是我在抖音开设 50 期教育常识 60 秒的最后一期。今天我就不局限于 60 秒，而多讲一些时间。我今天谈的教育常识是教育不是万能的。我们知道，教育不是可有可无的，相反教育很重要，否则我们办那么多学校干什么？所以没有教育是万万不能的，对此无须我多加论证。但我想说的是，教育也绝非万能。这里的教育，包括了学校教育、家庭教育和社会教育，但作为教师，我这里说教育不是万能的，侧重于或者说主要是指老师的学校教育。我没有听谁说过"教育是万能的"，但有一句话我听过，而且大家也很熟悉，那就是"没有教不好的学生，只有不会教的老师"。这就是典型的鼓吹"教育万能"。当然，如果这句话是教师本人对自己的激励，告诉自己不要轻易放弃每一个学生，要尽自己最大的努力转变学生，这句话是没有问题的，而且这样的老师令我敬佩。但事实上，这句话更多的时候，是领导用来批评老师，甚至评价老师的，这就大错特错了。那么，究竟有没有"教不好的学生"？我的回答是："可以说没有，也可以说有。"说"没有教不好的学生"，必须具备两个条件：第一，家庭教育和社会教育非常理想，只差学校教育这一环；第二，"好"的标准不是一个标准，而是针对每一个具体学生，让他在原有的基础上有所进步，这里的进步可能是综合的，也可能是某一方面的。说"有教不好的学生"，是因为在现在的评价背景下，所谓"教好"看的是中考和高考，而无论高考还是中考，都是选拔性考试，其目的就是要让一部分学生被淘汰，即被"教不好"——都教"好"了,还怎么"选拔"?即使抛开考试评价不说,就以思想品德教育而言,是不是所有的学生都能被"教好"呢?理论上好像是这样的。因为任何人一出生,都是一张白纸,谁也不会从娘肚子里带来一身恶习。但问题是,我们的学校教育所面对的不是一张白纸,而是已经被家长、被社会涂抹过许多印迹的纸,要想在这张纸上重新画出美丽的画儿,不是绝对不可能,但无法保证百分之百的成功。家长是孩子的第一任老师,是教育这一链条上的第一环,我们面对的学生已经是被加工过的半成品;同时孩子还潜移默化地受着社会的影响——这都决定了我们的教育不是从零开始。如果绝对地说"没有教不好的学生,只有不会教的老师",那为什么会出现学校之间的"生源大战"呢?既然"只有不会教的老师",那还抢什么"优生"呢——而且是不择手段地抢?整整四十年的教育经历告诉我,如果我们不用一把尺子衡量学生,绝大多数"后进生"都会有进步的——不一定成为栋梁之材,但至少可以成为一个合格的公民,成为最好的自己。我始终认为,学校教育不是万能的。在一个人的成长过程中,学校教育的作用最多占三分之一,另外两个三分之一分别是学生所受到的非学校教育(包括家庭教育、社会教育)以及学生的自我教育。我们不能做超出我们能力和责任范围的事,我们只能在我们力所能及的范围内,尽可能地把我们的工作做好——这样,即使个别学生最终也没有被"教好",我们问心无愧!教育不是没有作为的,但教育也不是万能的。这就是我今天要说的教育常识。好了,50期教育常识到此结束。但教育常识显然没有讲完,也讲不完。非常感谢朋友们对我的支持!再见!

2022年4月11日

什么是真正的教育

——答《教育家》

在《教育的100种可能》里,李镇西写了从20世纪80年代初大学毕业后所带的第一个班,到退休前教的最后一个班的36个学生的人生轨迹。他们中有教师、医生、空姐、飞行员、艺术家、科研工作者、公交车司机、火锅店老板、银行职员、足球教练、摇滚歌手……这本书里有李镇西近40年来细腻地记录并保存下的他与学生的交流,有他当年的"教育",有学生回忆中的"教育",有他们现在理解的"教育",也有他们对子女的"教育"……

李镇西说这本书不仅是写给老师的,也是写给家长和学生的。"对老师而言,希望能帮助他们端正教育观念,破除教育当中的功利,平等地对待每个孩子。对家庭而言,希望家长变得平和,不那么焦虑,不要攀比,对自己的孩子要有信心。对于当下的学生,希望给他们带来不同的参照,让他们对自己的未来充满信心。对于过往的学生,则希望给他们带去一份亲切的回忆和美好的怀念。"

精心加工每一份"草稿"

《教育家》:您想通过这36个学生的成长故事给当下的教育工作者带去

哪些启发?

李镇西：我希望通过他们的故事，能够让包括家长在内的所有教育者真正明白：每一个孩子都有着属于自己个性的成长和成功。

不少孩子当年的学习与表现和几十年后的人生，往往没有我们想象或期待的那种必然联系。我想用自己的经验告诉老师们，无论眼前这个孩子是什么样的表现和成绩，他的将来都有不止100种可能。老师不能只用一种可能去规范学生，如果能用多种可能去看待他们，你就会有新的期待，而不至于焦灼不安、急功近利。

老师爱孩子，爱的应该是这个孩子本身，而不是爱他的成绩和表现，更不是爱他几年后可能有的名牌大学录取通知书、高考状元的"荣耀"，或几十年后院士、部长等"头衔"和"光环"。每一个孩子都有属于自己的未来，更多的人成为普通劳动者，这依然是为人师的骄傲。对每一个孩子无条件地、不计后果地信任与尊重，才是真正的教育。

《教育家》：一直以来，您都有写日记和教育故事的习惯，您用文字留住了孩子们的成长，也留住了自己的成长。于您而言，写作与教育是什么样的关系？

李镇西：只有做得精彩，才能写得精彩；而精彩地写，又能促进更加精彩地做，因为经历了反思的过程。

我曾经写过一篇文章《把文学梦想托付给教育》，我从小就喜欢写作，想当作家，可以说写作成就了我的教育。文学和教育是相通的，都讲情感，都讲人性，都有诗一般的情怀，都需要细腻的心思和敏锐的眼光。作家与老师，是以不同的方式表达着对生命的理解，并影响着生命的质量。

对于教育写作，我想对老师们说，即使你无法写得那么生动形象，哪怕不能发表，也是有意义的。因为写作的过程就是反思的过程，就是成长。

你把自己的生命通过文字留下来，退休之后，回头看这些可能不那么生动但却依然鲜活的故事，你会热泪盈眶。同时，你又帮学生留住了青春。如果不记录，这一切就完全消失在逝去的岁月里，不会留一点痕迹的。

《教育家》：从一名语文老师到校长再到教育专家，行走在教育路上近40年，每个阶段应该都有不同的思考和收获。能否分享一下您在教育路上是如何一步步走向成熟的？

李镇西：大体可分为三个阶段：教育的浪漫主义、教育的现实主义、教育的理想主义。

刚工作那几年，每天想的就是怎么把课上好，把班里的孩子带好。当时，我心中有一个教育蓝本，来源于我读过的一本书——作家王蒙先生19岁时写下的《青春万岁》，由于历史原因，1979年才首次正式出版。这本书向读者展示了20世纪50年代初期高中生热情洋溢的青春生活，是那么透明、清澈。当时我就想，当老师以后一定要建成一个那样的班。1982年大学毕业，我带着那样的教育情怀到了中学任教。当时我开展了很多活动，包括成立未来班，邀请著名作曲家谷建芬老师帮我们谱写班歌。我把那个阶段称作"教育的浪漫主义"。

20世纪80年代后期，学术界进入活跃期，我本身喜欢阅读和思考，视野相对比较开阔，所以开始了对教育的反思。1987年，外校一名品学兼优的女生不明原因的自杀给我带来很大震动。后来我通过思考与剖析发现，我们的教育有时候既脱离现实又脱离学生的心灵。当时我写下一篇近万字的报告文学发表在《中国青年报》第一版，反响很强烈。编辑部还转给过我一封学生的来信："李老师，现在老师讲的不是我们想的，我们想的恰恰没有人回答。"我就开始思考，我们的教育该怎样关注现实？后来我当校长时，常跟老师们说："一位老师最应该想的不是该怎么落实教育局的文件，而是此刻我的学生在想什么。"我把这一阶段称作"教育的现实主义"。

20世纪90年代后期,去读博士之前,面对当时社会和教育上的一些问题,我经过思考得出一个结论——教育应该是理想主义,既面对现实,又面向未来。未来的中国,必将是一个更加民主的社会,公民意识、民主、平等、法治、人性、尊严、权利,这些都是应该注入教育,并体现在课堂和班级管理当中的。

真正的教育该指向哪里

《教育家》:对于当下的教育,您思考最多的是什么?

李镇西:当下,我们越来越多地提一些华而不实的概念和口号,而忘记了我们是从哪里出发的。所以我现在思考最多也最想说的是"恢复常识,做好常态"。常识,即教育是为了人本身。常态,即尽量抹去我们涂在教育上的油彩和脂粉。

比如关于特色,一所学校必须有特色吗?没有特色就不是好学校吗?很多学校为了创建特色而折腾不止,还有好多是假特色。在我看来,特色,是历史的积淀,是水到渠成,而不是学校还未建成就先提出特色目标。特色,是实践造出来的,不是梳理编造出来的。老师们认认真真上好每堂课,认认真真带好每个班,认认真真爱好每个孩子,校长认认真真帮助老师成长,把这"四个认真"做好,就算没有特色,又有什么关系呢?

教育不要总想着创新,抢夺话语权,提高学校的美誉度、知名度,先想一想怎样让每个孩子迷恋这所学校、喜爱每一位老师,怎样让孩子晚上能够有充足的睡眠,这比什么都重要。

《教育家》:"一切为了孩子",请结合几十年的从教经验,谈谈您对这句话的理解。对当今的教师而言，需要把握好哪几点才能真正做到"一切为了孩子"？

李镇西："一切为了孩子""为了孩子的一切""为了一切孩子"分别是对教育的工作目的、工作内容和工作对象的范围界定。

"一切为了孩子"，是镌刻在许多学校教学楼上的口号。说的是我们的所有努力、所有工作，只有一个目标，就是孩子的成长与幸福。这个答案非常完美。学校所做的全部工作，的确都指向一个目标——孩子的成长。但，答案完美却不完整。"一切为了孩子"应该体现于一个个具体的行动中。比如上课不拖堂，以保证学生的休息时间；未经允许不占学生自习课，以尊重学生自主学习的权利；宽容学生偶尔迟到，毕竟谁也难免会"猝不及防"；别让孩子穿着单薄的衣服在寒风中久久站立，以等待前来视察的领导、专家；星期天能让孩子进学校踢球；发试卷时，假装将不及格的卷子不经意地卷上一角盖住分数；评讲作文时需要读优秀作文，请课前先问问小作者是否同意……

"为了孩子的一切"，是说孩子成长中所有的需求，都是我们工作的内容。我认为，看似无所不包的"一切"，其实主要是孩子每一天在学校所感受到的点点滴滴：孩子每时每刻需要维护的尊严，需要解决的困难，需要满足的愿望，需要倾吐的苦闷，需要享受的快乐，需要保证的睡眠，需要获得的成功，需要免除的恐惧，需要尊重的个性，需要保守的秘密，甚至需要看的一场演出，需要踢的一场足球，需要买的一个耳机，需要吃的一份蛋烘糕……就是孩子的"一切"。

"为了一切孩子"就是教育平等，"一个都不能少"。"一切孩子"不在墙上，也不在论文中，而在我们的身边，是我们每一天所服务的每一个孩子。真正的老师，应该是一个特别细心、敏锐的人道主义者。我们千万不要在高喊"为了一切孩子"口号的时候，让眼前触手可及、气息鲜活的一个又一个儿童,消失在一串串气势磅礴的概念之中。

总之,只有站在儿童的角度,才能做到这三个"一切"。

《教育家》:"孩子,你不吃学习的苦,将来就要吃更多生活的苦",您是否用过类似的话去鞭挞学生?您教过成千上万的学生,您怎样理解这句话?

李镇西:年轻时有过。我当时对学生说:"你是愿意吃苦一阵子,还是吃苦一辈子?你现在吃三年苦,是为了将来三十年不吃苦。"但后来我意识到,这种说法是错的,错在把教育当成为未来生活而做的准备。其实,学生时代本身就是生活,教育本身也应该是幸福的。

另外,苦不苦要看是否主动吃苦。主动攻克难关,战胜自己,本身也能体验成功的幸福。比如数学家陈景润,当年每天十几个小时蜗居在6平方米的房间里演算数学题,在旁人看来是多么枯燥、多么辛苦,但陈景润却恰恰痴迷于此,甚至把这当成一种享受。

《教育家》:"吃得苦中苦,方为人上人"是很多家长和老师对孩子说的"励志名言"。您怎样看待培养"人上人"和培养"人中人"这两种不同的教育理念?对于家长和老师,有什么建议?

李镇西:我觉得这句话充满了浓重的封建色彩和权力意味。我经常给学生讲陶行知所说的,要做"人中人"。

我当然为学生中赫赫有名的精英人才而骄傲,但同时也为默默无闻的平凡百姓而自豪。这才是老师应有的"骄傲观"。千万不要把教育的目标仅仅锁定在培养"高端人才",而应该把培养数以万计合格的社会主义建设者、可靠接班人和合格公民作为我们的神圣使命。

不少老师认为培养出出类拔萃的人才,才是自己教育的成功,而没有意识到，教每个孩子成为一个正直善良的人、一个能够自食其力的人，就是教育的成功。我们的教育是培养人的，而不仅仅是培养才的。当然，这与社会大环境和教育评价以及绩效考核制度也是息息相关的，而这些都是亟待改变的。

对一个人而言，我认为最重要的品质是善良，因为善良，他会懂得珍惜爱、捍卫爱，对很多事就不会一味妥协。其实这种品质更多是家庭教育的结果。他们在我身边时，我只是给他们一些尊重和引领，可能强化了他们本就有的善良，打开了他们相对狭隘的视野。教育真正要做到的，与其说是尽量"塑造"学生，不如说是尽量不妨碍学生自由发展。依从个性，给他自由，学生的成长会超出教育者的想象。

2021 年 1 月 22 日上午

真情实感，随心所写
——答《中国教师报》

1. 自20世纪90年代末教育叙事研究被介绍到国内以来，很快就受到了足够的肯定和认可。学界认为，中小学教师适合和喜欢教育叙事研究，且教育叙事研究对其专业成长会起到很大的帮助和促进作用。作为一线教育工作者，您认为教育叙事写作在教师成长中的地位如何？是否很好地促进了教师专业成长？

答：我印象中，从理论上比较早谈教育叙事研究的是加拿大学者马克斯·范梅南，他有一本书，叫《生活体验研究》。与通常的量化研究相比，他提倡通过一个个真实的故事来研究教育。在叙述教育故事的过程中，叙述者既是故事的记录（描写）人，也是这个故事中的主人公，还是对这个故事进行反思的研究者。教育叙事研究当然不只是记录故事，但写故事毫无疑问是一个重要步骤或内容。其实，马克斯·范梅南只是第一个（或许是）从理论上给了教育叙事研究一个"合法地位"，但教育叙事研究并不是他首创的，并不是从他开始才出现的。实际上，不只苏霍姆林斯基的著作有教育叙事研究的要素，在那之前许多一线教师就在这样做，只是不知道这就是"教育叙事研究"罢了。但马克斯·范梅南的贡献还是令人赞赏的，因为他给了这种方式一个非常贴切的命名"教育叙事研究"——叙事与研究同为一体，叙事是研究的手段，研究是叙事的目的；在这种研究中，不需要所谓"科学研究"强调的"客观""理性""精确"，而是主张在研究中代入教育本身所具有的主观情感、切身体验、模糊感受。在"教育叙事研究"中，故事可能是一个平凡的事件，也可能是一个非凡的传奇，研究者和亲历者融为一体，甚至就是一个人。这充分体现了教育研究不同于一般的"科学研究"所特有的人文性，即苏霍姆林斯基所说的："教育，这首先是人学。"所以我认为，教育叙事研究不但是一线教师最容易掌握的研究方式，而且这种平易亲切的研究方式，更能使一线教师快速成长，因为教育叙事研究把实践、反思、阅读、写作很好地结合起来了——只有做得精彩，才能写得精彩，而在写的过程中，必然伴随着反思与阅读；最后，精彩地写，又能促使更加精彩地去做。这也是新教育实验所提倡的。

2. 典型的教育叙事是教育故事、教育传记和教育自传。这种以讲故事为主的写作形式普遍为一线教师所接受，甚至不少教师出版了自己的教育自传体专著。但有许多教师尽管勤于写作，仍讲不好故事。在您看来，什么样的故事能称为好的教育故事？

答：在我看来，好的教育故事应该有这样几个要素：真实，细节，情感，思考。所谓真实，就是忠实于生活的质朴自然，不要写成虚构的小说，或过分地进行文学渲染与夸张。所谓细节，就是要保留故事本身的情景、过程与来龙去脉，不要过滤掉故事的原汁原味。所谓情感，就是叙事者对教育和对学生的爱，完全可以也应该自然而然（而非故意煽情）地倾注于故事之中，有时候情感本身就是教育的要素，也是教育研究的要素。所谓思考，就是对故事的反思、提炼、升华，就看似"个案"的故事推导出带有普遍性的价值。

3. 在许多一线教师读写共同体中，教师读书、写作的热情很高，写就的稿件数量很多，但高质量的稿件并不多。您认为，当下教师的教育写作存在哪些问题？

答：就我看到的情况，目前有的老师的教育写作主要存在两个问题：

第一，故事不典型。所谓"典型"，就是要有一般的意义，别人读了会想到自己也有类似的经历，其中蕴含的教育道理会给更多的老师以启发。如果这个故事太特殊、太个别，甚至太离奇，它就失去了让其他老师借鉴的意义。第二，叙事不生动。本来很精彩的故事到了一些老师的笔下则索然无味。这和写作者的文字表达有关。要学会用"描写"把故事展开，比如语言描写、动作描写、心理描写……这些描写不是"编造"，而是忠于生活本身的丰富性，这就和教师的观察力有关了。所以，细腻地感受、敏锐地观察、形象地再现，是写好教育故事的条件。

4. 您经常在自己的个人公众号上讲述身边的教育故事，它们很生动，让读者受益良多。这些看似普通、平凡的教育故事，是怎么成为您的写作素材的？在选择故事素材时是否有技巧？

答：对我来说，就是一种习惯。我从小就喜欢写作，自然特别敏锐。这种习惯带入教育，我便有了写教育日记的习惯。凡是让我"怦然心动"的故事，都能让我情不自禁地记录下来，这也算是选择故事的一个标准吧！至于技巧，真的没有刻意想过。当然，也许因为写作本身就是我的强项，所以写的时候更多是追求真实自然，而没有在结构呀、语言呀等上下功夫。我特别推崇巴金的一句话，大意是，写作技巧的最高境界就是不要技巧。

5. 同样的故事，为什么有的人写得平淡无奇，有的人却能写得波澜起伏？您在写作教育故事时，有什么经验？

答：这个话题太大。写作是需要一定的文字功底的，很多老师讲故事讲得绘声绘色，可写在纸上却干巴巴的，这就是文字功底不足。简单说，老师们要学会把故事"展开"。所谓"展开"就是要学会描写，而不仅仅是记叙。举个例子："太阳升起来了。"这只是说"发生了什么"，是记叙；而"一轮红日从东方的山巅冉冉升起。"这就不仅仅说"发生了什么"，而且还说明了"怎么发生的"。这就是描写。又比如，"他在吃饭。"这是记叙，是简单的交代；而"他正狼吞虎咽地吃着，摇头晃脑，嘴里发出'吧唧吧唧'的咀嚼声"，这是描写，形象的刻画。"描写"就是展开，老师们要学会展开。当然，我再强调一遍，所谓"描写"当然需要一定的文字能力，但绝不是堆砌辞藻，故意追求"文采"，而是基于生活观察的真实再现。

6. 您认为教师的写作有捷径吗？是否有一定的写作套路？

答：没有捷径，更没有套路。如果一定要说有"捷径"，那就是敏于观察生活，善于思考教育，乐于记录故事。如果一定要说有"套路"，那就是因为"怦然心动"而叙说，基于"若有所思"的提炼。

7. 李老师您曾经晒过已出版的专著照片，可以说著作等身，近年来也一直不断推出新的作品。许多教师都很好奇李老师是如何管理写作时间的，每每看到李老师发出的多年前学生的作业、合影等，想了解李老师对这些"回忆"是如何保存的。

答：一切都是习惯而已。我在等候航班起飞的候机室里可以写作，我在贵州山间高速路的小车里也可以写作。别人在打盹的时间里，我可能已经完成一篇文章了。至于那些资料的保存，也没有刻意说要"珍藏史料"，不过就是当时顺手放进抽屉或夹进书中而已，后来搬家舍不得丢，几十年过去，便成了"文物"，拍成照片放进文中，便震撼了读者。就这么简单。

8. 教育写作的形式有多种，李老师您在新书中列举了"教育备忘""教育杂感""教育故事""教育案例""教学实录""教育论文""教育书信""教育文学"等，您认为这些写作形式是否有主次之分。教师的时间和精力有限，如果只选择一两种写作方式，您认为优先考虑哪些？

答：没有主次之分，根据情况而定。如果精力有限，那可以先从"教育备忘"和"教育故事"入手。

9. 接下来您的写作重心是什么？是否一直都有写作的自信，如何持续不断地写下去？

  答：对我来说，从来就没有"写作重心"，一切都像每天洗脸、刷牙、吃饭、睡觉一样自然。我有一个微信公众号，叫"镇西茶馆"，每天都有一篇我的原创文章。但我并没有压力，生活太丰富，感受并思考，自然就有源源不断的写作"灵感"。我的写作原则是："真情实感，随心所写。"

2021 年 8 月 28 日

我们为什么要做新教育

——在武侯区2020年新教育总结会上的发言

感谢在场和通过云端收看我们这次总结会的所有关心支持武侯区新教育的人！

刚才每一位分享者的故事我都很欣赏，几位领导的讲话我都赞成，每一个字都同意。

过去一年武侯区新教育的新成绩的确是显著的，一大批新教育教师继续成长起来，一大批新教育实验学校继续发生着积极的改变。由于疫情的原因，我们武侯区新教育办公室的推进工作方式也随之有很多创新。这都是值得肯定的。这和武侯区新教育办公室几位老师的辛勤工作是分不开的。叶兵来到新教育办公室担任负责人后，他对新教育工作的推进，可以用"殚精竭虑"来形容，他的勤勉让我感动。我觉得每天来单位都是比较早的，只要不出差，一般七点过就到了，但有时候我发现叶兵比我还早，已早就坐在办公室工作了。他很有创新能力，来新教育办公室后，为武侯区新教育水平的提升做了大量工作。新教育办公室另外两位老师——王兮和郑雯婷也很辛苦，为新教育学校老师服务可谓勤勤恳恳、兢兢业业。当然，这都是我们应该做的，不过我还是觉得应该在这里表扬一下他们。

我今天在这里想强调一下，近几年大家特别爱说的"初心"。也就是说，我想和大家一起重温我们的初心：当初我们为什么要做新教育？不就是因为我不满意教育的一些弊端，或者说我厌恶了某些形式大于内容、仅仅是为了应付上级而孩子感受不到快乐、教师感受不到幸福的虚假教育吗？所以我们要做朴素而真实的教育，让教育朴素更朴素，真实再真实。我们不喊宏大口号，不说大话空话，而立足于每一个学生的快乐和教师的幸福。最近几次新教育理事会，朱永新老师多次强调新教育一定要真做，做真，尽量务实，而且要给学校减负。千万不要把新教育做着做着，就做成我们曾经所厌恶的教育！这话是我说的。

一个学校究竟怎样才算是新教育成功的标志呢？我想，是不是至少应该有这么几条：一是书香校园的营造很好。所谓很好，不是说看你的书是不是放在公共场合方便学生阅读，也不是看你墙上贴了多少"师生共读""亲子共读"的照片，而是阅读是否成为学校师生的日常生活习惯，这才是最根本的。二是完美教室的建设不错。完美教室虽然只是一个班，但它浓缩了新教育的全部要素，十大行动都可以通过完美教室得以实施。三是卓越课程的开发很棒。所有先进的理念，都必须通过课程来体现，有了课程就有了抓手，而教师的成长也往往是在开发课程和实施课程中得以实现的。四是有能够提升教学质量的理想课堂。不要老是认为新教育"不过是营造氛围的教育"，好像新教育只是课外活动的丰富多彩而与课堂没关系，不是的。没有高质量的课堂教学，新教育是要打折扣的。五是家校合作在顺利而有效地开展，并形成良好的机制和常态化的运作。六是有一批善做、能写、会说的新教育榜样教师。也就是说，这样的老师平时做得非常好，无论带班还是上课都很棒，同时还会写作，记录自己每一天的教育故事和思考，而且还会演讲，绘声绘色，有滋有味。当然，新教育还有其他行动，比如每月一事，比如卓越口才，还有最近朱老师特别强调推进的未来学校等，但我说的这几点如果做到了，那你学校的新教育也算是做得很不错了。

当然，所有的行动，最终要落在孩子和教师身上。新教育实验的成果当然要体现于一些数字——读了多少本书？搞了多少次活动？获了多少奖励？等等。如果这些数字是真实的，我不否定它们能够说明新教育的成果，但新教育的成果不能仅仅体现于一个又一个数字，而更应让一个又一个的孩子和老师感到幸福！我更希望新教育实验的成果落实在教师不再疲于奔命而是主动发展，孩子们每天晚上能够保证睡眠时间而不是熬夜赶作业上。有时候，我会很单纯地想，我们新教育实验学校的孩子能不能是作业负担最轻而睡眠时间最充足的？如果他们自由支配的时间最多，那就更好了。当然，这也包括老师。苏霍姆林斯基说，教师没有自由支配的时间，这对学校是致命的威胁。新教育实验学校的老师不应该为了各种形式主义的应付而无暇关注孩子。现在有没有这种情况？坦率地说，有的。所以，我们新教育研究院尽量给各学校减负，朱老师也多次说力戒形式主义，希望新教育实验学校也要力戒做表面文章，把时间尽可能还给老师们。当然，苏霍姆林斯基也说了，给老师们自由支配的时间，最重要的原因是让他们多读书。我想，真正有追求的新教育实验的老师们，有了自由支配的时间，也愿意多读书的。

在新的一年，我们武侯区新教育办公室要更加务实，而且给老师们减负，尽量减少活动，虽然看起来新教育办公室布置的事似乎不算多，但学校要应对的不只是新教育，还有其他任务，所以对今年的活动次数，我们还要做调整。我们要减少评比、减少征集，而多到学校去，直接和老师们面对面，帮他们解决困难，立足于每一个新教育老师的成长，而不是满足于表面上的轰轰烈烈，热热闹闹。我们每月的展示活动是很好的，可以坚持，但我建议尽量减少甚至不要孩子的演出。当然，如果是课程本身需要孩子们展示那是应该的，我说的是尽量不要让学校有彩排之类的行为，而应该最大限度地真实、自然，常态化。我建议以后的学校展示以教师的生命叙事为主，通过生命叙事，推出一批我刚才说的善做、能写、会说的榜样教师，不断言说自己的故事，以影响更多的老师。朱老师给了我一个任务，要我组织全国 100 位优秀的新教育榜样教师，组成宣讲团，著书立说。我希望武侯区有这样的老师加入这个团队。

我已经退休，现在最大的愿望，就是通过新教育尽我所能地帮助尽可能多的年轻老师成长！我会继续的。谢谢大家！

2021 年 1 月 14 日整理

新教育的生命在哪里

昨天罗军主任（金堂县新教育实验负责人）要我准备一下今天做最后的总结，还说要讲至少20分钟，讲的越多越好。我当时心里不高兴，因为我不喜欢别人这样强迫我，还给我规定讲多少时间。就像小学生面对老师规定作文字数一样不开心。（众笑）但因为今晚我要罗军陪我去航拍夜景，我有求于他，所以不好拒绝，便不得不答应了。（众大笑）但是，刚才听了几位老师的讲述，我有着强烈的欲望，想谈谈我的感受。即使罗军没请我发言，我也要对他说，让我说几句！（众大笑）

一周前的12月31日，我在博鳌教育论坛发表跨年教育演讲，题目是《教育应该如童话般美丽》。几个小时前，我将这次演讲的速记稿整理并充实后发在了我的微信公众号"镇西茶馆"里。很快许多网友留言说读得流泪。但也有个别网友说："教育如童话，在现实中可能吗？"现在，我可以说：金堂十年的新教育实验证明，教育如童话是可能的；刚才江翠和许多老师的讲述也证明，教育如童话是可能的。我想，若干年后，也许江翠老师的学生把具体的知识大多忘记了，留在记忆中的全是和江老师一起时的温馨和感动，这就是如童话。

昨晚，几个高九五届学生请我吃饭，聊起当年的校园生活，都觉得有趣。他们都说："我们运气好，高中遇到了李老师。"一个学生说："也许是我读中学的时候把运气用完了，我的孩子现在就遇不到像李老师那样的好老师了!"另一个学生说:"当年我进了中学,还觉得倒霉,进了这么个普通的学校,没想到在这里居然遇到了李老师!"当时,我听到这些已经毕业快27年的学生说这些话,无法不感动!我也真诚地说:"我的运气也很好,遇到了你们这么好的学生!"几十年后,师生还彼此为碰到对方而感到幸运,这就是教育如童话。

金堂我来过很多次了,刚才又听了一线老师的叙述,我觉得金堂的新教育实践体现了新教育的初心、展示了新教育的品质、呈现了新教育的样子、证明了新教育的生命。下面,我就从这四个方面简单说说。

第一,新教育的初心。新教育的初心是什么?我们可能会很熟练地回答:为了过一种幸福完整的教育生活。这当然是对的,但我还想更通俗更简单地说,其实新教育就是为了让师生快乐!我们搞新教育,就是希望教育不仅仅是刷题,不是无休止地考试、补课、熬夜……而是真正享受成长的快乐。当然,我要特别说明的是,这里的快乐也包括攻克难题后的喜悦。不要以为一说"教育快乐"就不要学习。不是的。20多年前,我的学生学习了苏霍姆林斯基的《致女儿的信》之后,听说我要去见苏霍姆林斯基的女儿卡娅,便给她写了一封信。后来我当面把信交给了卡娅,卡娅读后很感动,给我的学生写了一封回信。其中有这么几句:"在我看来,应当在学习中找到愉快,应当有一门喜爱的学科,即学习这门学科使你会因取得成功而欢乐。其实,没有什么比求得新知更幸福的了!苏霍姆林斯基正是这样认为的,他说,我相信取得新知的欢乐。当一个人开动脑筋,善于思维,积极探求时,他一定是一个幸福的人。"看,在这里,苏霍姆林斯基是把"取得新知"视为欢乐的源泉之一。然而,现在的教育,不但学生不快乐,教师也不快乐。昨晚聚会时,一个学生说,她孩子的班主任,常常晚上十一点过,在群里抽查学生在家的学习情况,就是让家长拍孩子在家做作业的实时视频,发到群里让他看看。如果有家长没及时把小视频发上来,班主任还要问:"怎么回事?这么早就睡了吗?难怪学习成绩那么差!"我的天!十一点过难道不是孩子该睡觉的时候了吗?当然,我知道现在初中生作业做到十一点后,甚至更晚都还不能睡觉,是"常态",可这样的教育生活,会有幸福吗?但是,难道这位老师不辛苦吗?难道她不是一位好老师吗?她也是很负责很敬业的一位老师啊!她也没睡啊!可以说教师的教育生活无幸福可言。我们新教育就是希望改变这种情况,让师生都过一种幸福完整的教育生活。其实,新教育的初心,就是教育的初心,而教育的初心,就是每一个孩子出生那天,年轻的爸爸妈妈面对婴儿发自内心的愿望:"我一定要用尽全部力量让我的孩子这一生幸福,哪怕付出任何代价!"这就是初心。可是为什么随着孩子年龄的增加,父母们渐渐忘记了初心,和学校老师联合起来"压迫"孩子,让孩子睡眠不足,体质下降,精神崩溃?而所有的"压迫"都是以爱的名义实施的,这才是真正可怕的!新教育的初心就是希望给孩子以成长的快乐。所以,我希望凡是搞新教育的学校,孩子的作业负担就是要比非新教育实验学校轻得多。比如,金堂作为新教育实验区,这里中小学生的课业负担就应该低于非新教育实验区的双流。

第二,新教育的品质。新教育的品质是什么?我想了想,打算用"尊重"这个词来概括。是的,尊重!即对每一个教师和孩子的尊重。现在的教育丝毫不尊重教师和孩子。师生都承担了无法摆脱的束缚和重压。教师现在做了太多与教育教学没有直接关系的事,包括校长,多数时间是在应付各种各样形式主义的任务,比如检查、督导、评估、达标,等等。明明心里厌恶这一切,却不能表露出来,还要违心地对领导说:"欢迎领导经常来检查督导,这是促进我们的工作!"老师不得不做大量的形式主义工作。其实交上去的那些材料,有多少领导会认真看?既然当领导的都不认真看,我们老师为什么要认真去做呢?最好的办法就是应付,不必认真!老师被这些"任务"压得喘不过气了,双手被捆得紧紧的,哪有半点教育的自主权啊？孩子也一样，现在的孩子也被捆得紧紧的，一点自主权都没有。所以，新教育希望能够尊重每一个教师和孩子的个性、权利、心灵和自由！尤其是自由。教育应该尽可能给教师更多的教育自主权和教学自主权，给孩子学习的主动权，尽可能尊重他们选择的权利。陶行知早就提出"六大解放"，核心就是给孩子以自由。这"六大解放"不就是减负吗？新教育也要"减负"。除了我刚才说的，新教育学校的孩子，课业负担应该更轻，我还要强调，新教育实验也不能给老师们增加负担。所以，我们新教育不搞各种检查验收之类，我们有新教育学校的标准，但这个标准只是供各实验学校自查，或者对照标准去做，我们不会以这些标准去各个学校验收。如果那样做，完全可能助长新教育实验的弄虚作假，这就把新教育做成了我们曾经厌恶的教育。尊重孩子，就是要站在孩子的角度去想问题。我们许多学校都写着这样的口号："一切为了孩子""为了孩子的一切""为了一切孩子"，但实际上最后往往都是"一切为了管理方便"，完全是站在成人管理的角度。这怎么谈得上尊重孩子呢？昨晚聚会的一个学生说，她的女儿读二年级，在成都市泡桐树小学天府校区，每天回来都很高兴，因为没作业，而且说在学校很好玩儿，到处都可以看喜欢看的书，上课时老师看到外面阳光很好，就把孩子们带到户外去上语文课。这样的学校，处处尊重孩子的想法，这就是尊重。因此，尊重师生，就是自觉地将新教育理念落实到行动上，把"尊重人"的理念化为自然而然的行动乃至细节。

  第三，新教育的样子。新教育应该什么样子呢？我先问问大家，今天金堂实验区搞的"新教育实验十周年庆典活动"，和你们以往看到的一些新教育实验区或实验学校的类似庆典活动，有什么不同吗？嗯，对的。最大的不同就是"居然"没有一台缤纷灿烂、流光溢彩的文艺表演！现在，许多学校搞教育成果验收，都要弄一台豪华堪比春晚的舞台演出。以前新教育实验的年会也是这样的。几年前，我就撰文批评过这种现象，我说，你弄一台表演，这和新教育有什么关系？搞不搞新教育，任何学校都可以弄一台晚会的。为了这台晚会，真的是劳民伤财，耗费巨大的钱财不说，师生至少提前一个月就累个半死。所以，从武侯区开新教育年会起，我就坚决取消了文艺演出。今天，金堂搞新教育十年庆典，没有任何演出，就是老师们自己真实朴素的讲述，这不挺好吗？因为"真实""朴素"就是新教育应有的样子。新教育本来就是真实的教育，朴素的教育，与所有华而不实绝缘的教育。新教育不是为了"迎检"而弄出来的应景玩意儿，而是日常生活的自然呈现。比如刚才江翠的讲述，那些做法已经渗透进了她的班级，成了她和学生的生活常态，这就是新教育本来应该有的样子——真实朴素。不过，这里顺便说说，今天也有不足，就是老师们的讲述不够自然。我的意思不是说你们的内容不真实，而是说你们为什么要照着稿子读呢？我估计你们事先还是排练过的，那排练过的为什么还要念稿子？我最不喜欢听小学老师的演讲，那个拿腔拿调，包括手势的设计，这不是演讲，而是表演。我也不喜欢听公开课，一切都很做作，连每一个表情好像都是排练过的。今天讲述的几位老师当然没这么夸张，但读稿子这一点的确就不够自然了。应该大大方方地说，最多手里拿个提纲。说掉几句没关系，因为我们手里并没有你的稿子，我们怎么知道你要说什么不说什么呢？你说漏了几句只有你知道，我们怎么知道呢？像我现在，就是随便说，自然地说，其实我事先想好的话也忘记了一些，但没关系，你们又不知道。也不要怕，哪一句话说错了，那正是自然的表现。像我现在说话，肯定已经出现病句了，但朗诵般的字正腔圆，连一个标点都没错，恰恰不真实也不自然。所以我希望以后类似的讲述，不要念稿子，也不要背稿子。当然，总体上说，金堂的新教育还是很真实朴素的，我这里只是直率地指出一点点不足。

第四，新教育的生命。新教育的生命用什么来表述呢？我刚才想了又想，决定用"自动"这个词。"自动"二字现在常常用于某种机械的功能描述，我这里用的是陶行知当年的意思。陶行知当年写《新教育》一文时用了"自动"一词，来说明在新教育中，师生应该是自己动起来，即有着内在的动力，而不需要外在强迫，这就是"自动"。金堂搞新教育十年了，十年中换了五任局长，但新教育实验没有停止，一直在"自动"。这就是新教育的生命。坦率地说，现在全国的新教育实验学校已经八千多所了，是不是每一所学校都是"自动"的？很难说。许多年前，那时候新教育实验学校好像还只有两千多所，有一次开会，卢志文说："只要两百多所学校在真做新教育，就不得了了！"我完全同意。现在八千多所新教育实验学校中，有多少是真正在"自动"做新教育的？有多少仅仅是挂个牌子而实际上根本没做的？现在全国不少地级市的新教育实验区，是不是都是一线教师的"自动"行为？未必。有的不过就是市领导认同朱老师的理念，然后决定在他所在的市推广新教育，以行政的强有力推动，老师们多半会反感，但又不好表示反感，于是应付和弄虚作假就在所难免了。这是我们最不愿看到的。只有新教育理念真正扎根于一线老师而不仅仅是领导，新教育才会有"自动"的生命。否则，领导一换，新教育就不搞了。金堂的新教育没有因换了几届局长而中断，证明了他们的新教育是有生命力的。旺苍县也是这样的。原来是向局长开始搞新教育，现在殷局长上来了，继续搞新教育。因为老师们受益了呀！我去过旺苍，和一些老师们接触，他们都认为是新教育让他们的专业素质得以提升，他们感受到了教育的幸福。所以，只有一线教师发自内心接受了某种教育理念，真正的教育才会发生。哪怕局长不搞他们也要继续搞，这就是新教育的生命。一个区域的新教育是否成功，是否有生命力，关键是看领导离任后，学校和老师们是不是依然"自动"去做。新教育的生命不在朱永新老师那里，也不在实验区的区长和局长那里，而在千千万万普通一线老师的教室里、课堂上和日常生活中！

就在我刚才要上来讲话之前,看到镇西茶馆我那篇演讲录《教育应该如童话般美丽》后面一个网友的留言,是一首诗。我这里全文读一遍,算是我发言的结尾——

  您说教育是一个童话
  很多人却说那是个笑话
  我想教育怎么会是童话
  后来我看了您走的路
  惊讶,那真的是白雪公主和青蛙
  您用一个个生动的故事
  向那么多人宣告
  育人之路上那最美的童话
  追逐梦想、真的长大
  优秀的父亲,善良的妈妈
  他们又开始了人生的下一场童话
  发黄的照片上有娓娓而来的他
  曾经的浪子诉说着过去温暖的家
  今天我相信您说的话
  明天的她早已经不是曾经的丑小鸭
  明天我也努力
  争取让自己教的孩子们进入童话
  即使他们一天天,一年年长大
  我也继续在这里坚守
  给一年年的新面孔
  创作一篇篇美丽的童话

> 用太阳的丝丝阳光温暖着她
>
> 也幸福着孩子们背后的爸爸妈妈
>
> 和她们那温暖的那一大家

（全场掌声）

编织教育童话是完全可能的，新教育就是帮助师生共同编织快乐浪漫的教育童话。这是我们教师真正的幸福和荣耀。不必用堆叠的荣誉证明教师的成功，教师的光荣就在历届学生关于新教育的美好记忆中！

谢谢大家！

2021 年 1 月 7 日

这才是儿童应该有的模样

我经常在外面做报告，有一个非常明显的感觉，就是听众对象"级别"越高，现场气氛越沉闷，相反，越"往下"氛围越活跃。如果是给局长和校长们做报告，我感觉下面个个庄严，喜怒不形于色。这可以理解，领导嘛，不轻易表态，很正常。如果是给中学老师讲课，就有明显的反应，或微笑，或点头，或鼓掌，总之有反应。若是给小学老师讲课，哎呀，小学老师活泼得不得了，随着我的讲课有时候大笑，有时沉思，特别有呼应感。到了幼儿园，那就更活泼了，幼儿园老师特别可爱、特别纯真，就像小朋友一样，呵呵！比如现在，你们坐在下面，真的就非常纯真可爱！这种纯真可爱不是装出来的，是自然而然的。

今天我在朋友圈发的第一条微信，是我拍的幼儿园的照片，并附文："小朋友们真实，自然，不做作，这是教育的本色。"的确是这样的。我今天一走进幼儿园就被孩子们的纯真打动了。比如刚才最后一个节目，三个老师分别带着一个孩子做游戏，有的小朋友不知道做什么，傻傻的，不知道怎么配合老师，不知所措，但我觉得他们萌萌的，非常可爱，明显就是没有排练过的。还有开头一个节目是老鹰捉小鸡，扮演老鹰的老师就只是做出捉小鸡的动作。而刚才最后的节目同样有老鹰捉小鸡，可小朋友就真去捉"小鸡"，他不懂什么叫表演。还有早晨我刚到一个教室，一个小朋友向我招手说："老师好！"但他手里端着盘子，盘子里还有一个小馒头，可他不懂得把盘子放下再招手,而是端着盘子给我招手,结果一摇一摇的,馒头掉地上了。我和周围的老师都笑了,可小朋友还不知道我们为什么要笑。这就是不做作。当时我还看见他旁边一个小朋友在哭,明显是舍不得妈妈离去。这样很真实。她不会想到要为幼儿园争光,不能哭。她就那么自然地哭了,哭着哭着,居然还打呵欠,把我笑死了!哎呀,小朋友们就是这么可爱!这么真实自然!还有刚才最后表演结束时,小朋友们拿着手中的各种小礼物跑过来送给我们,我们每一个人都得了一个礼物,我得到的是一个绒布做成的向日葵。我正在欣赏的时候,突然那个送我礼物的小朋友又跑过来把礼物拿走了,旁边的老师就阻止他,给他说送给这位老师,可那孩子快哭了,非要把礼物拿回去,我就说:"给他,给他,让他拿回去。"可能你们觉得孩子"表现不好",但我认为,这是孩子真实的状态,孩子的心可不能被伤害啊!总之,这一切都很真实,都很自然,孩子们都很可爱,一点儿也不做作!

我想说,这是教育应该有的样子,或者说,这就是教育的本色。

我们为什么要搞新教育?就是因为我厌恶那些华而不实、装模作样的教育。我曾到一些学校去参观,看见中小学生的展示,这儿一堆人弹古筝,那儿一拨人打太极,明显就是做给我看的,明显就是装装样子。比如有一个学校展示书香校园,就组织一些学生和家长坐在过道上看书,或父女,或母子,一对对,两个人共同捧着一本书,可半天都不翻一页,明显就是等着我们拍照嘛!难道我们看不出来吗?这简直把我们当傻子!我们厌恶这种纯粹作秀的教育,那么我们就千万不要做着做着就做成了我们曾经认为是恶心的教育!今天我之所以赞赏三幼的新教育展示活动,就是因为你们不做作。

有人觉得新教育实验不太适合在高中和幼儿园搞,的确,相对来说,高中和幼儿园搞新教育的确要少一些,因为人们觉得高中有高考压力,不敢放开搞；而幼儿园的小朋友太小，比如连字都不认识，怎么阅读？还有完美教室，小朋友们太小了，搞不起来。但2014年我去新疆奎屯，那里一位幼儿园老师，叫阿依努尔老师，做新教育就做得很好。当时我很感动。现在我在三幼也看到，你们的新教育实验做得很好。你们最可贵的是把新教育理念与学前教育的特点结合起来了，和幼儿的特点结合起来了，然后创造性地做新教育实验，把完美教室做成了"玩美教室"。幼儿园嘛，当然是以玩儿为主了。我刚才走进每一间教室，都被充满童趣、创造的氛围所感动。那些由小朋友做的玩意儿，多么有意思啊！比如柚子茶，在老师的带领下，孩子们做得那么认真。还有你们不是让个别孩子展示，而是让每一个孩子都展示。在我的视野里，武侯三幼的新教育实验走在了前面，当然，不只是三幼，应该说，三幼和全国不少幼儿园在新教育实验方面都走在了前面。通过新教育，许多老师都成长起来了。刚才几位老师的讲述，讲他们的成长，也很真实朴实，这是为我们自己的幸福而工作。新教育所主张的"过一种幸福完整的教育生活"就是这样一点一滴地实现的。

当然，老师们还可以更自然。比如，听说老师们为了今天的展示还进行了彩排，我非常理解你们，想把最好的成果尽可能完美地展示给我们看，但这多累呀！我们来看，就希望看到常态。这不是春晚，春晚肯定要彩排，一年一次嘛，但学校新教育展示完全没必要彩排。准备充分是对的，但以后请别排练。刚才的沙龙讨论，我觉得所有老师包括两位家长讲得都很好，但我觉得讲得最好的，是那位厨师大叔，话不多，但他说得多么朴实，多么真诚，他明显不是事先写了稿子然后背下来的。我希望以后老师们的讲述，也不要背稿子。说着说着，卡壳了，或者有一句话想不起了，没关系，这样更真实。讲述不是朗诵，更不是演话剧，越朴实越真实越感人。

另外，以后不要强迫小朋友送礼物给大人，刚才那个小朋友之所以要把送我的礼物拿回去，是因为送我礼物不是他的意思，而是大人的意思。

以后可以这样，先征求小朋友的意见："谁愿意把礼物送给前来参观的叔叔阿姨啊？"我很肯定会有小朋友愿意的，那就让他们自愿送，这不也很好吗？不愿意的别勉强。千万不要强迫孩子做大人想做的事。

幼儿园的老师有一点很遗憾，但因此也非常令人敬佩，那就是每当教师节或新年，当中小学老师收到学生的贺卡时，幼儿园的老师很少收到这样的贺卡，小朋友长大后基本上不会看幼儿园的老师。这不怪小朋友，毕竟他们太小了，忘记了。我现在也很想看我幼儿园的老师，可去看谁呢？我记不起了。刚才在转小朋友的房间时，有一位年轻老师对我说："李老师，我是您的学生！"我一点都想不起她是谁了，她说她是武侯实验中学毕业的，"您还给我们班上过课呢，《一碗清汤荞麦面》。"那一刻我感到很温馨。

这种不期而遇的温馨，幼儿园老师就很难有。比如在大街上，突然有一个成年人走过来对你说："老师，我读幼儿园时您教过我呢！"这种情况很难出现。但正因为如此，你们才显得更伟大，真正是不计回报地付出。不过，我想，今天三幼给孩子创造的如此丰富多彩的生活，你们的完美教室，或许会让孩子们记住。多年后，他们或许会回来看幼儿园的老师的。

听王园长说，她给老师们买了我的新书《教育的100种可能》，我给王园长说了，等老师们读了之后，我再来三幼，和老师们座谈"教育的100种可能"，明年春天吧！

再次感谢三幼的老师们，我们明年春天再见！

2020年11月19日晚根据追忆记录

细心呵护孩子的心灵，是在培养"玻璃心"吗

昨天在无锡的一次读拙著《追随苏霍姆林斯基》的分享会上，一位老师谈了她对苏霍姆林斯基"一个优秀的教师一刻也不忘记自己曾经是个孩子"这句话的深刻体会。她讲了自己的一段经历——

很多年前她教初三，当时已经迫近中考，时间很紧。有一次数学课时，下课铃已经响了，可她觉得还有一点内容没讲完，便想推迟下课，把这点内容讲完。结果下面有学生表现出不高兴不耐烦的样子，也不认真听讲了。她生气了，说："谁不愿听的，可以立刻离开。"没想到，果真有一个学生当场便走了。弄得这位老师很尴尬，想把那个学生叫回来，但自己刚说了"不愿听的可以走"，那不是自己打脸吗？后来这位老师把这件事告诉了那孩子的家长。

多年后学生聚会，那个已经长大的孩子都不愿挨着这位老师坐。

这位老师讲到这里，说："我当时一直没有意识到自己有什么错，我告诉孩子的家长，是因为我希望家长还是应该好好教育一下孩子，毕竟初三了，老师都争分夺秒，你作为学生应该理解老师。结果，没想到孩子对此非常反感，觉得我说话不算数，还在家长那里告状。现在想起来，其实当时在学校，这孩子就已经疏远我了。"

我听了很感动，为这位老师的真诚反思而感动。我说："我曾写过一篇文章，题目是《并不是每一个学生都喜欢我》，我也曾伤害过学生，有的是有意的，有的是无意的。有意的伤害我忘记了，可学生还记着；无意的伤

害，我更是一点都不知道，可给学生造成的心理阴影却一直伴随着他们的人生。"

其实，绝大多数学生对老师还是很宽容的，曾经不少被我当年骂得狗血喷头的孩子，长大后来见我，对我依然很亲热。当我愧疚地提起当年我对他的"粗暴"时，孩子只说"完全想不起来了"，然后又往往说"都怪我那时不懂事，让老师生气了"。

当然也有一直记恨老师的情况，比如上面那位老师的那个学生，比如前几年在大街上碰见当年的班主任便大打出手的那个学生，当然，还有我可能不知道的一直记恨我的学生。

但总体上讲，孩子的胸襟还是比老师要宽阔些——说他们"没心没肺"也可以。所以我说过，面对孩子，我们的心灵可以不设防，我们说话不必像在成人世界交往时那样字斟句酌，甚至说违心的话，反正轻一句重一句，孩子也不会计较的。

然而，这话其实是不对的。我们不能因为孩子小，记不住，宽容……就可以肆意地用语言甚至行为伤害他们。

前段时间，我在"镇西茶馆"重推了我以前写的文章《有时候，教师不经意的话语或眼神对学生的伤害不亚于体罚与辱骂》，有个别老师不高兴了："连老师不经意的话语或眼神都受不了，这不是典型的'玻璃心'吗？难怪现在的孩子那么脆弱，一点点委屈和挫折都受不了，动辄跳楼。"还有人说："老师也是人啊！有时候忍不住说些重话，甚至动手了，这也是难免的。这么哄着学生，宠着学生，那谁又来保护老师的心灵呢？"

我感觉自己完全无法与这样不在一个"频道"的老师讨论，但一想到他们的学生，我就忍不住心疼。于是，我又写了一篇文章——《恕我直言，你是好人，但不适合当老师》。

这下可把有些老师给戳痛了："你的标准太高了！按这个标准，中国自古以来，只有一个人适合当老师，那就是孔子！""照你这么说，中国90%的老师都不合格。"还有人说，我这是在"道德绑架老师"。

更有甚者，一位曾经向我表白说"特别特别崇拜"我的老师，读了我这篇文章，骂我是"公知"（也不知这是什么逻辑），表示不再读我的文章。（对这位老师的取关，我倒是深感庆幸！）

我想了又想，却实在"想不通"——我的"标准"不就是要尊重学生吗？这可是为师起码的底线要求啊！我没有说要老师牺牲自己的利益而无私地为学生做出奉献，更没要求老师"抛头颅洒热血"，仅仅就是重申教师尊重学生人格的职业规范啊！

中华人民共和国教育部2008年修订的《中小学教师职业道德规范》第三条明确规定——

> 关爱学生。关心爱护全体学生，尊重学生人格，平等公正对待学生。对学生严慈相济，做学生良师益友。保护学生安全，关心学生健康，维护学生权益。不讽刺、挖苦、歧视学生，不体罚或变相体罚学生。

这过分了吗？

作为一名教师，如果你连这基本的职业底线都难以做到，那么我第二篇文章的题目正适合你——《恕我直言，你是好人，但不适合当老师》。

要得罪就彻底得罪吧！我再说一遍：你可能是好人，但不适合当老师！

注意，我这里在"你是好人"的"好人"前，加了两个字："可能"。

因为把最基本的职业规范都理解为"标准太高"了，甚至认为是"道德绑架"，我很难相信这是一个好人的认知。

是的，学生需要坚韧的品格，需要强大的心理，要具备将来面对任何挫折乃至打击的钢铁般的意志，但这种培养，不是以我们教师对学生自尊心的伤害为手段来完成的。

因为学生需要具备受挫心理，我们便可以无所顾忌地损害学生的尊严；或者说，学生现在心理脆弱，便反过来怪我们教师对他们"太客气了""太尊重了"……

这是什么逻辑？

我当然知道，现在教师受到的尊重远远不够，岂止是"远远不够"，简直就是越来越不被尊重，包括我们不少老师也经常被领导损害尊严。但这是我们可以不尊重学生的理由吗？

作为成人，我们尚且无法忍受来自领导或其他人的人格伤害，那我们对孩子，就应该肆意践踏他们幼小的心灵吗？

请让我再次引用伟大的教育家陶行知和苏霍姆林斯基的话，看看他们是怎样在培养"玻璃心"的——

您不可轻视小孩子的情感！他给您一块糖吃，是有汽车大王捐助一万万元的慷慨。他做了一个纸鸢飞不上去，是有齐柏林飞船造不成功一样的踌躇。他失手打破了一个泥娃娃，是有一个寡妇死了独生子那么悲哀。他没有打着他所讨厌的人，便好像是罗斯福讨不着机会带兵去打德国一般的恨气。他受了您盛怒之下的鞭挞，连在梦里也觉得有法国革命模样的恐怖。他写字想得双圈没得着，仿佛是候选总统落了选一样的失意。他想您抱他一忽儿而您偏去抱了别的孩子，好比是一个爱人被夺去一般的伤心。（陶行知）

要像对待荷叶上的露珠一样小心翼翼地保护学生幼小的心灵，晶莹透亮的露珠是美丽可爱的，但却十分脆弱，一不小心，就会

> 滚落破碎，不复存在，学生的心灵，如同脆弱的露珠，需要老师的倍加呵护。（苏霍姆林斯基）

任何老师都不是完人，更不是圣人，绝大多数普通教师或许在业务能力上还有提高的空间，但他们至少是爱岗敬业并尊重孩子的。说"只有孔子才适合做教师"和"中国 90% 的教师不合格"的人，是对千千万万善良、敬业的一线教师严重的伤害！

的确，教师也有七情六欲，也会喜怒哀乐，但是忍不住伤害学生、过后又特别自责，与毫无顾忌地伤害学生、过后却心安理得，这两种情况还是不一样的。前者是有良知的老师，后者根本不适合做老师。

有时候我在想，那些认为尊重孩子就是在培养"玻璃心"的人，当过学生没有啊？或者说，他们有没有孩子啊？

作为老师，我们应该经常想想两个问题：第一，假如我是孩子；第二，假如是我的孩子。

怕就怕将心比心，还是马克斯·范梅南说得朴素而深刻——

> 你想把自己的孩子交给怎样的老师来培育，你自己就做这样的老师吧！

2023 年 4 月 26 日

班主任的幸福源于何处

不止一次，读过我著作的人问我："您如此痴情于教育，二十多年来您真的就没有厌倦过吗？"我知道，一个人二十多年来一直对教育一往情深，可能会有人不信，所以为了让大家觉得"真实"，我也想说"其实我也动摇过，也厌倦过，但是，看到什么什么，我又振作精神怎么怎么的"，然而，我不能说假话，我得说实话呀！所以，我坦然地告诉所有关心我的人：从教二十五年来，我真的从来没有厌倦过我的职业，包括班主任工作！

也许有读者会不以为然：当然啦，你是"教育名人"是"教育专家"，名也有了，利也有了，当然幸福！

我只能说这是误解。当我还是默默无闻的年轻班主任的时候，那时不但没有什么名，反而还因为经常犯错误而挨批评，工资也不高，可是我照样和我的孩子们穿行在细雨蒙蒙的原始森林，或奔跑在阳光灿烂的绿色原野，照样沉浸在我那只有九平方米的单身宿舍里，侧身站立于单人床和书柜之间，思绪飞扬于陶行知的精神空间和苏霍姆林斯基的心灵世界，照样细心观察研究班上后进生每一天细微的变化，并从中获得一种非名非利的幸福感！记得二十年前的一个晚上，一位同事来到我宿舍，白天我刚刚挨了领导不公正的批评（详情恕我不予赘述），他本来是来安慰我的，但看到我的书桌上铺满稿子，一篇教育手记刚写了一半，而我正在读《第三次浪潮》，并滔滔不绝地谈我的体会，他感慨万千地说："想不到你还有如此广阔的精神空间！我任何一句所谓安慰你的话都是多余的！你的教育生活这么充实，哪需要什么安慰啊！"

所以我敢坦然地说："对教育，我从来没有失去过兴趣和幸福感！"

秘密何在？如何克服班主任工作的厌倦感？或者说，班主任幸福感源于何处？

最近几年我在外面讲学，谈到教师的幸福来源时，我喜欢说这么几条：享受职业，赢得尊严，学生爱戴，同行敬佩，家庭幸福，衣食无忧，超越自己。下面我对这几条做些解释，当然我不会一一详说，有的简单说说，有的稍作详述。

享受职业。一个人只有以享受的心境对待职业才可能获得职业幸福，享受职业本身就是坚守职业。不，我这话说得不对！一个热爱职业享受职业的人，是不需要什么毅力去坚守什么的。举个例子，为了提炼出"镭"，居里夫妇倾注巨大的心血、智慧、体力，甚至生命，他们在一间夏不避燥热、冬不避寒冷的破旧棚屋内从事起脑力加苦力的劳动，从1898年到1902年四年时间里，废寝忘食，坚持不懈，终于从数吨沥青铀矿残渣中提炼出十分之一克纯镭盐，并测定了镭的原子量。人们在敬佩居里夫妇的时候，往往用"坚忍不拔""牺牲精神""呕心沥血"等词语来赞美他们。其实，我认为这种赞美并没有理解科学家的情怀。照世俗的眼光看，他们的确是做出了一种"牺牲"，但这种牺牲在居里夫妇那里是一种享受，是一种幸福，是一种陶醉！只有把职业当作享受的人，才可能心甘情愿地废寝忘食，坚持不懈。那是一种享受职业的痴迷状态啊！回过头说我们的班主任，如果我们能够以享受职业的态度对待我们的工作，怎么会有厌倦感呢？一个把职业、事业和生活融为一体的人，一定是幸福的！

赢得尊严。有句话经常被人说："不要把教育当作谋生的职业，而要当作事业。"我认为这话不对，不当作谋生的职业，教师吃什么？靠自己的劳动谋生，这是很光荣的，并不可耻。只是，如果我们对自己的要求再高一些，就不要"仅仅"（注意"仅仅"两个字）把教育当作谋生的饭碗，而还应该作为事业来追求。因为作为人，特别是作为知识分子的教师，我们当然不能仅仅满足于吃饱穿暖，还有一种更高的精神层面的追求，那就是自我价值的实现，那就是自身的光荣感。这就是我说的"赢得尊严"。一个班主任，他班上得了流动红旗，这是一种成功，也是一种尊严；他的班级获得了优秀班级，他也觉得有尊严；他发表文章了或者出版专著了，更是觉得有尊严。这种尊严就是幸福的来源之一。

学生爱戴。这个话题我在许多著作中都谈过，但我今天还得说。学生爱戴，这是班主任最大的幸福，这种幸福超过了任何来自领导的表扬和奖励。而要获得学生衷心的爱戴，就必须寻找一切机会自然而然地融入学生当中。有只当了两年班主任却已经开始厌倦的年轻老师，之所以开始抱怨，很重要的原因，就是没有像实习期间一样和孩子们融为一体。严格要求也罢，"铁的手腕"也罢，这和爱孩子不矛盾的，更不妨碍我们在课余和孩子一起玩儿。所以，我反复给一些年轻班主任说，克服厌倦最好的办法，就是不断地和孩子一起，不但在行动上和他们交往，而且在情感上和他们交融，不断被孩子感染和感动，你就会有幸福感的。"一个好教师意味着什么？首先意味着他热爱孩子，感到跟孩子交往是一种乐趣，相信每个孩子都能够成为一个好人，善于跟他们交朋友，关心孩子的欢乐和悲伤，了解孩子的心灵，时刻都不忘记自己也曾经是个孩子。"（苏霍姆林斯基语）时刻不忘自己是孩子的老师，必然和孩子心心相印，而且每天都会生活在被童心感动的情怀中，生活在感动中就是一种幸福啊！从刚参加工作那年我经常周末和孩子们一起在大渡河畔嬉戏打闹，到后来我常常带学生去登山去探险，再到最近我把学生带到油菜花地里上课，一直生活在童心中。直到最近，我当校长了，同时兼任着三个班的副班主任，每次走进教室，孩子们就会围上前来向我表示亲热。一次一个记者想给我照几张和学生一起的相片，我便带他来到班上，他被学生对我的那种狂热惊呆了。就在前不久，我生日那天，我病了，躺在家里的床上休息，中午我打开网站，点开学校论坛，看到有老师发了个帖子，说学生给我送生日礼物，并附有照片，照片上是我办公室桌上摆满的鲜花、贺卡和苹果。我当即决定，马上回到学校，给学生们上一堂课，以此来庆祝我的生日并感谢我的学生！于是，我真的赶到了学校给学生上课。回到办公室，看到鲜花、苹果，苹果下面压着一封贺卡，上面写着："李校长，祝您生日快乐！听说您身体不好，希望您好好保重身体，您知道吗？在我们班上，过生日的同学都会得到一个苹果和香蕉，但是因为妈妈说过，香蕉对身体不好的人帮助不是很大，因此我们给您带了一个苹果。再次希望您保重身体！祝您生日快乐！初一(11)班全体同学。"读者想想，生活在这样的温馨之中，我怎么可能厌倦我的职业？相反我会对我的职业产生自豪感：试问还有哪个职业能让我如此幸福？

同行敬佩。这说的是校内人际关系要和谐，班主任之间因为种种评比竞赛，容易暗中较劲，甚至互相诋毁，所以我提出，班主任一定要胸襟豁达，不要斤斤计较，同行之间要互相欣赏互相敬佩，只有生活在这样的人文环境中，我们才会幸福。

家庭幸福。班主任的确要比一般的任课老师牺牲更多的本来属于自己的家庭生活的时间，所谓"七上八下"（早晨七点上班，晚上八点回家），因此，我们的家人承担了更多的家务，这实际上也为我们在做贡献。所以，班主任一方面要想方设法取得家人的理解，另一方面在可能的情况下要尽量多照顾一下家庭。另外，在节假日应该多陪陪家人。有人总以为我很忙，成天都扑在学生和工作上，没有时间陪家人，生活一定枯燥无味。其实这也是一种误解。我承认我陪家人的时候的确不多，但只要有时间，我一定会陪着家人玩儿的。特别是最近几年我有了车之后，只要不外出，我喜在周末驱车带着家人去郊外的古镇玩儿。我喜欢摄影（当然，水平很臭，但足以自娱自乐），也常常和家人来到野外如饕餮尽享那无边醉人的景色。只有工作快乐，家庭也和谐，这样的幸福才是完整的。

衣食无忧。刚才我说了，班主任工作也是我们谋生的饭碗，这并不可耻。我们通过自己的劳动挣钱，是一件很光荣的事。我们是要把班主任当作事业来追求，但从事这项工作的底线，还是要保证生活的基本质量。当然，追求物质生活是无止境的，如果仅仅是追求物质享受，我们永远都不会满足，因而永远都不会幸福。但是，如果连起码的生活条件都不能保证，恐怕再高尚的人也感觉不到幸福。所以，我竭力主张提高班主任的待遇，甚至曾经提出过，在一个学校，同等条件下，收入最高的应该是班主任！因为衣食无忧的确也是班主任幸福的来源之一。

超越自己。一个人每天做同一件事，肯定会厌倦的；或者新接手一个班之后，依然像过去那样带班，每天都重复昨天的故事，也会厌倦的。能不能追求做最新的自己？也就是说，不要重复自己，而要超越自己。在超越中，我们会获得成就感，进而感到幸福。我做班主任有一个愿望，就是让我的每一个工作日都充满创造的乐趣！我每带一个班，都给自己提出决不复制上个班，而要重新提出一个目标，这个目标对我来说，也就是新的科研课题。比如，第一个班，我搞的是"未来班"，这是综合素质提高的一个实验班，三年后获得成功，《中国青年报》《班主任》杂志都登了我班的事迹和我的具体做法。第二个班，我进行班集体主义教育系列探索，取得了明显成效，《河南教育》给我开了一个专栏，专门介绍我的做法；第三个班，我进行青春期教育的探索，后来出了一本专著《青春期悄悄话》。第四个班，我进行班级民主化管理的实验，同样获得成功，《中国青年报》以几乎整版的篇幅刊登我的论文……我不停地实践、不停地探索，觉得每一个班都是我的试验田，每三年一个周期我都在超越自己，同时也在挑战自己，便觉得所有难题都是我研究的课题。有的老师因为班上后进生多,便觉得烦,觉得和这些学生打交道缺乏成就感。而我呢,恰恰把每一个后进生都当作科研对象来研究。同样是面对后进生,换一种科研的眼光去打量,感觉大不一样。正如我在拙著《与青春同行》的序言中所写到的那样:"班集体的发展和学生的成长,是一个跌宕起伏甚至有时候是惊心动魄的过程。比如,面对一个后进生,无论多聪明的教育者,也无法预料明天他会给自己惹什么祸事。也正是在这个意义上,我说过:'教育,每天都充满悬念!'这里的'悬念',主要就是我们通常所说的'教育的难题'。期待着每一天的'悬念',进而研究、解决'悬念',并享受解开'悬念'后的喜悦,然后又期待着下一个'悬念'……如此周而复始,这便是教育过程的无穷魅力!"现在我要说,享受这种魅力,这也是作为一名不断超越自己的班主任的幸福之所在!

2011 年 12 月 2 日

昨天我对学生的好是应该的，今天学生对我的好却并非必须

本文是教师节中秋节期间写的，根据昨天《我收过学生家长的礼吗？》文后的评论，今天特意补充几句。

一般来说，我写的为教师呼吁甚至鸣不平的文章，总能引发强烈反响，这个我一点都不意外；可昨天我谈自己收礼的文章，也能引起大家的兴趣，这就多少有点出乎我的意料了。

不过，想想也很正常。简单一个"收礼"，小可以看成人之常情，大可以视为"师德红线"，确实让很多老师纠结。不收吧，有点"绝情"；不收吧，有些"违规"。究竟收不收？如果不收，怎样退？如果要收，如何收？收了之后又如何处理？尤其，收与不收的分寸在哪里？……凡此种种，让许多老师觉得是一种智慧，乃至是一门艺术。

所以不少老师，尤其是年轻老师，特别希望我谈谈这种"智慧"这门"艺术"。

但很对不起，我并不具备这方面的智慧和艺术。

昨天那篇文章大家已经看了，我在处理时更多的就是凭着朴素的本心与本性，觉得收礼不好，收了心里过不去，那就不收。至于是否得罪人，我当然会尽可能照顾对方的面子，但如果对方实在要生气，那我也没法，很简单——我又不求你，怕什么？

当然，我也有明显处理得不太好的地方，尤其是吃了家长一碗面还要

付钱和粮票,这确实有点不近人情,甚至在今天有些人看来,简直就是"故作清廉",有些假模假样。

其实可以有更好的办法,就是我不进学生家,送到家门就告别,避免吃饭。这就免了很多麻烦。

好,补充完毕。看几天前写的正文——

> 2022年的教师节和中秋节过得很特别,特别之处在于我和所有成都市民一样,都是"原则居家"。因此,如洗的蓝天、明媚的阳光、皎洁月亮……好像是另一个星球的,和我们没关系。
>
> 每天只有一次下楼机会,而且必须下楼,因为做核酸检测。于是,每天早晨我都尽量走慢些,让这宝贵的时间在感觉上延长。

因为"原则居家"的不方便,我也收获了特殊的礼物。

其实,前段时间,我就收到一些学生的月饼,还有两位学生送我购买大闸蟹的券。我就不细说了,我今天说说双节三天的"收礼"。

几天前,20多年前毕业的学生崔涛给我发微信,说:"李老师,我离你家很近,我们社区储存的有半年以上的很多人的蔬菜猪肉鸡肉等,需要的时候随时说一声哈,很方便给你送去。"我回复:"好的。现在不需要。谢谢啦!"回复虽然只有几个字,但表达了我心里的感谢和感动。

又过了几天,我担任班主任最后一个班的学生叔实也说要给我送菜,而且已经准备好了:"李老师,祝你中秋节教师节双节快乐,身体健康,精神饱满,家庭幸福!由于疫情我们不能相聚,我就让我的供应商给你拿点和牛来。我让供应商给你拿的是M5肋条+M5嫩肩,肋条和嫩肩就不要切片烤(煎),这个有筋,处理不好就会塞牙。就直接做中餐就行,肋条红烧或者清炖,嫩肩肉切丝、切片炒肉,或者做水煮牛肉片都行哈。"

我还说什么呢？我也就没推辞，静待快递小伙送到小区门口。半个小时后，我隔着栅栏取回了戬实送我的牛肉。

事情似乎不算大，无非就是学生送菜。以前类似的来自学生的爱，我也多次收到。但这样的温暖无论经历多少次，每次我都很感动。

回想以前我教他们的时候，应该承认，我的确很爱他们，这种爱体现于我认真上好每一堂课，尽可能尊重每一个学生，对后进生尽可能耐心一些……但这些不都是应该的吗？备课、上课、批改作文、找学生谈心、组织班级活动、挨家挨户家访……这些所谓的"爱"，哪一样不是我的职业行为？换句话说，我不就是靠这些事来领每个月的工资？

我再把话说明确一点，我对学生好，所做的一切都是应该的，不仅没有超越职业范畴，也没有任何功利，就是一个愿望：把工作做好，对得起工资。

但是，学生毕业后，甚至毕业几十年之后，还对我这么好，这就不是他们必须的了。无论是道德，还是法规——其实也不可能有这样的法规，都没有规定，毕业生必须给被疫情封在家中的老师送菜。按世俗的推测，是不是他们有事要请我帮忙呀？比如孩子读书要请我帮忙联系名校之类，但他们丝毫没有这些想法。

想来想去，还是学生的情感最纯粹。

当初学生家长也有送礼的，虽然不多，但我却不愿意收——注意，不是不敢，因为那时候没有"师德红线"一说，而是不愿意，因为觉得别扭，不舒服。哪怕家长是真诚的感谢，我也要考虑是否含有妨碍我教育公正的功利因素。所以无论他们以怎样"真诚感谢"的理由送礼，我能不收就坚决不收。

但学生不一样，他们的一张贺卡都是真诚的，不可能是为了"让老师对我好"而送这张卡。童心没有那么污浊。

曾经有老师说："毕业多年，感觉对老师最有感情的还是差生而不是优生。"说实话，从教几十年，我真没有这种感觉，因为无论"差生"，还是优生对我都很好。何况，无论这次说要给我送菜的崔涛，还是真的把菜给我送来的戢实，当初都是优生。

还有老师说："二三十年前的学生要纯朴得多，现在的学生不那么懂事了。"可是，对我来说，无论是八十年代的学生，还是最后一班的学生，对我都那么好。

只能说，我的运气好！每一届学生不一定个个成绩都最好，但都很重感情。

中秋节那一天，我特意给谷建芬老师通了个电话。近年来，我和谷老师时不时通电话，有时候她打过来，有时候我打过去。往往也没有什么事儿，也就是问候一下。

电话打过去，她刚刚看（听）了我工作站的弟子们给我创作的歌《答案》，她说这歌很不错，词也好，曲也很好，还提了点建议。

我说："这是他们瞒着我给我创作的礼物，花了半年时间啊！他们最初想请您谱曲，但如果请您就得通过我，那就无法向我保密了。所以他们便自己创作。"

电话那头谷老师笑了，说："太感动了！"

她问成都的疫情怎么样，我怎么样，我说："我现在被封在家，正过着几个月前您过的生活。"

她哈哈大笑起来。从谷老师的声音中，我感觉她精神很好，思路清晰，我对谷老师说："您一定要好好保重身体！以后我去北京，再去看您！"

教师节当天，我还收到一份特殊的礼物。

微信上，我收到一封信——

亲爱的李老师：

  又是一年金秋月，中秋恰逢教师节。在这难得的日子里，我找到了一份小礼物，赠送给您。这是一段短视频，拍摄于2022年的2月，那是我第一次用钢琴弹唱《答案》这首歌的小样，也是我第一次发给词作者王兮的初稿。视频录制未经任何的技术修饰，当时甚至连曲谱都没有，我仅仅是看着手机里的歌词，凭着一直以来对老师您崇敬的情感，在钢琴上即兴而成。

  我把这段技术粗糙但情真意切的视频，在这特别的日子里赠送于您，向李老师表示最深的敬意和最真的祝福。

  在此，也恳请李老师多多指正。

林钟
2022年·中秋夜

小视频，是半年前他为《答案》谱曲时，坐在钢琴前边弹边唱的情景。

我回复林钟："我一定珍藏这段视频！这份礼物特殊而珍贵，让我特别感动！"

我再次打开《答案》MV，又一次沉浸在一种美好的情感中。

表面上看，这首歌表达的是他们对我的敬意，但最后一句歌词超越了简单的师生情感，而落脚在"原来我们是答案"，这是他们对自己的激励。

无论是对我的尊敬，还是他们对自己的激励，或是二者皆有，教师节这一天，这首歌都是我们共同的礼物。

2022年9月12日

好的教育与好的老师

我相信任何一个老师以此为主题撰文发言，都可以脱口而出很多关于好的教育的阐述。比如说有爱的、公平的教育，尊重、适合每一个孩子的教育，给孩子终身幸福的教育……都是好的教育，还有更多富有诗意的表达，如让孩子心灵飞翔的教育，等等。但是要问一个老百姓，什么是好的教育，他极有可能回答，哪所学校升学率高，哪所学校的教育就好。所以一个家长选择好的教育很简单，那就是选择名校。

可是，选择升学率高的学校是不是一定就有好的教育呢？很多高三学生享受了家长和学校给他提供的"好的教育"，最后的结果是高考完了以后就撕书狂欢。为什么撕书？为了发泄，为了放松，为了庆祝不愿意过的日子终于结束了。这是好的教育吗？

我有一年在电视里面看到的采访，一个刚刚走出高考考场的女孩，是哪个学校的学生我就不说了。女孩痛哭流涕说，"手上起茧子，手和腰都好痛""熬了这么多年很不容易""晚上失眠，天天写卷子"。在大人看来是好的教育，女孩却体会不到。可见，对于好的教育的理解，我们和孩子也不一样。

好的教育不在嘴上，不在老师论文上，不在校长的演说当中，更不在学校的招生广告里，而应该在人——师生的感受里。招生广告做得好，不一定学校的教育好。"内涵发展""全面发展""素质培养""为一生幸福奠基"，等等，什么词都可以在招生广告中写出来。所以我现在每到一个地方去，看一个学校办得好不好，我就问："孩子们作业多不多？"

四川一所小学，没有一点名气，因为它是个村小。我去过那个学校，它离市区县城还有几十公里，坐车要一个多小时，叫广元范家小学。可是最近几年这个学校越来越有影响了。有专家评论说，范家小学是中国少有的几所具有新教育风格的学校。教学质量不用说，那肯定是不错的。上海的、成都的、郑州的，很多富豪们把孩子都往那送。这与平常就倒过来了，因为一般有钱的人家都是把孩子往大城市送，而不是大城市的人家把孩子送去一个山沟里边。

我问校长张平原说，你是不是觉得很牛。他说，我当然自豪，但我最牛的还不是这一点，而是这么多年在我的学校里没有一个近视眼。这就是好的教育。这个标准是着眼于人本身，而不是所谓上级的评价、学校品牌特色等。因此我们要把观念转变过来，什么是好的教育？我们要用什么样的眼光来评价好的教育？

大家看看，屏幕上的小女孩刚进小学的第一天多开心，精神饱满，笑容满面，高高兴兴地憧憬着上学的生活。为什么她就不会想到十二年后她可能会诅咒这段日子？为什么曾经憧憬的岁月变成了她诅咒的时光？而她享受的居然还是我们公认的"好的教育"——一路名校读上去，最好的小学、最好的初中、最好的高中。

究竟什么是好的教育？我认为以牺牲孩子的健康和快乐取得优异成绩的教育无论如何不能是好的教育。今天我不会给你们讲很多理论和原则，那些网上都能抄到。咱们说好的教育要体现在人的感受上。

首先，好的校园是好的教育。好的校园不是源于专家的目光，而是儿童视角。

什么叫儿童视角呢？举个例子，这是在一所学校拍的陶行知雕塑，有什么问题？——陶行知太高大了。再比较一下，我的学校的陶行知塑像，这座塑像是按我的构思来铸造的，两者有什么不一样呢？我的构思是把陶行知四颗糖的故事融入进来，情景再现，展现教师和学生的互动。而高高在上的名人雕塑，是不是我们很熟悉的场景？两者的区别就在于一个是成人视角，而另一个是儿童视角。试问在我们中国的校园还有多少这样高大伟岸的塑像，一点不考虑孩子的感受，孩子看他还得仰着脸、抬着头、踮着脚，这都不一定能看清他的模样。因为我们的陶行知"目光远大"，"高瞻远瞩"，"展望"中国的未来。你看，一个雕塑怎么摆放都体现出好教育的元素，可见好教育不是那么高不可攀的，它应该是触手可及的。

大家再看，这是一所没有经过任何打造的学校，却充满浓郁的儿童文化氛围。它的亮点是学校的每棵树都是可以爬的。校长为什么要这样规定？他说孩子喜欢。我就问他，孩子摔着了怎么办？他问我，哪有人不摔跤就能长大的？多朴素的道理！

成都有所学校，我走进去，它的树很多，树上"结满了孩子"，场面非常壮观。我说为什么这样？他说，学校是为孩子存在的。当然，学校也有保护性的措施，每棵树下都有用来保护的轮胎垫着，在树高的地方系着红绳，提醒孩子们不要再往上爬了。如此简单就能让校园属于孩子。

咱们再看看中国台北这所学校，从一些细节，我也看出了这所学校的儿童观。我们一般学校的篮球平时是不是都放在器材室？很简单，因为在我们看来这是公共财产，学生们要打篮球，要定时借用，借了要还。但是这所学校将球直接放在球架下，用网兜着。我问校长为啥。他说孩子方便，就这么简单。这个学校可没有提炼出什么模式或者儿童文化的特色，因为校长觉得这不是应该的吗？

这个学校的教学楼，没有楼梯，只有滑梯。所有的小朋友一出教室就会进入游戏状态，一圈就滑下来。校长的观点是孩子们喜欢就好，校园是属于孩子们的。我相信在座的老师们的脑子里一定冒出无数个问题，这些问题我也想到了，也给你们问过了。比如说我问，老师怎么办？难道一下课，让学生等一下，老师先滑吗？其实角落有个小楼梯是老师专门用的。那学生要上去怎么办？滑下来容易，上去难呀。其实中间是有一个爬梯的。还有老师会问，会不会造成拥挤堵塞呢？其实大家都会自我调节，不可能一窝蜂地就上去了。举个例子来讲，学校有 2000 个学生，洗手间总不可能有 2000 个位置，两者其实是一样的道理。

我还问孩子摔伤了怎么办？他说建校快 60 年了，没有出现过一例因为滑梯摔伤的事件，而且就算发生了，也不可能拆除滑梯的，我们不能因为偶然的事故取消必然的享受。每一分钟都可能发生车祸，可是没有哪个政府宣布，本着生命至上的原则，取消所有公共交通运输。因为那是违反逻辑的，但是这种错误的逻辑这么多年来居然存在于教育界。学校里写着"一切为了孩子，为了孩子一切"，其实，应该是"一切为了管理方便"，这才是核心。

我又问，如果发生突发事件、意外灾害怎么办？校长说这难道不比楼梯更快？而且每天都在演练。他们做过实验，最快的孩子从六楼到操场只用了多久呢？只用了 7 秒钟。这样的校园就是好的校园。有这样好的校园的教育就是好的教育。

咱们再看，这是以前我担任过校长的学校，一块空地，什么都没种，什么都不栽，非常荒芜的。我当时好开心，我觉得校园就是要这么一块荒芜的、一片撒野的地方。现在的孩子进校园都不敢撒野了，那么干净，每天都好像在迎接卫生检查团一样。这是校园吗？我觉得校园应该是每一个孩子都可以打滚，可以摔跤的地方。

我曾写过一篇文章，在《中国教育报》上发表了，叫《凭什么不让孩子在校园"高声喧哗""追逐打闹"?》，学生们都是十二三岁、十五六岁，不要弄得像小老头一样。有老师质疑，这样对吗？别人在学习，他在嬉戏打闹。在我的学校是有规定的，教学区内不准高声喧哗，但是操场上怎么不可以呢？现在有些学校课间十分钟都不许学生出去了，说是为了安全考虑。所以学校能有这么一块空地，我很开心。还教育于朴素就是好的教育。

好的教育要有好的课堂，好的课堂要有独特性。独特性是什么？就是要针对不同孩子的独特性提供不同的指导，借用孔夫子的话就是要因材施教。好的课堂总是因材施教的课堂。这个话题又比较大了，怎么因材施教呢？我先不说国内的课程改革，带大家去看看丹麦的教学模式。我一看就乐了，这不就是我们中国崔其升的"杜郎口教学模式"吗。老师不讲学生讲，小组进行讨论、合作，丹麦课堂和中国的"杜郎口教学模式"是一样的。但是没有谁剽窃谁，因为遵循共同的教育常识就必然会呈现出一样的教育模式。什么共同的教育常识？即最好的学习就是给别人讲。好多课我都忘干净了，但是有的课永远都不会忘，因为我每一届都给学生讲课，不断地讲，越讲越好。我女儿学习的时候，我跟她说最好的学习方式是给别人讲，丹麦是这样的，崔其升也是这样，没有什么高深的。

我和丹麦的老师聊教学。我说，你们丹麦老师很轻松，我看你在课堂上走来走去，对这个学生说几句，对那个学生说几句，多轻松。他说，你们中国老师不是这样上课吗？我说，中国老师备课就很辛苦了，备课之后还要给学生讲40分钟，有的老师一天还要上好几节课，真的很累。他说，不对，他们更累。他们的模式对他们的挑战更大，他要在课堂上针对不同的学生提供不同的方案。也就是说如果有20个学生，就要备20套教案。而且备课是即兴的，因为要对不同的学生有独特的指导，大脑很紧张。他还举了例子，但我不赘述。总之，这是好的课堂，好的课堂不管怎么说，一定会让每个孩子都有收获。

随时想着孩子的教育就是好的教育。这点太重要了。举个例子，当年我们学校新校碑修好了，上面的学校名称让谁来写？有人说请名人、专家或者由我来写。我说，为什么不让学生来写呢？于是三千学生都写同一行字，最后我们挑选了一个初一女孩的字，镶嵌在我们的校碑上，我觉得很有意义。我们学校小学部的校训也是一个五年级孩子写的。五年级的孩子写"让人们因我的存在感到幸福"，这是我们校训上的一行字。

好的教育是要把人放在心上。再举个例子，我当校长时，一家杂志的主编找我做采访。我们在办公室聊着聊着，我突然看到旁边的那个办公室门有个小脑袋，一探一探的。我对记者说，我出去看看。发现是个小姑娘，天真无邪，我不认识她，因为学校学生太多了。我问她说："找李老师有什么事吗？"她说："李老师，今天是我妈妈生日。"我心想，这和我有什么关系呢？但是我仍笑盈盈地和她说："有什么需要我做的吗？""我想你给我妈妈写几句话，作为生日礼物送给妈妈。"那一瞬间，我真的非常感动。

我在这位学生心目中应该很崇高也很亲切。有好的事情，比如她妈妈的生日，她会跟我分享。各位老师自己妈妈的生日会去告诉校长吗？一般不会吧。所以你们说她和我多亲近呢？为啥李老师的几个字可以作为生日礼物送给她妈妈呢？这说明我在她心中多了不起。我带她进办公室，她进来有点紧张，因为满屋子都是人。我说，没关系，便拿出笔来给她写祝福。她叫杨玲，我写道："杨玲同学的妈妈，今天是你的生日，祝你生日快乐。我相信你一定很快乐，因为你有一个孝顺的女儿，相信你会一生快乐。"就这么几句话，小女孩很满意，高高兴兴地回去了。

继续和记者聊天，记者聊不下去了。记者说，他在其他学校也遇到过类似的情况，一般校长给孩子解释很忙，希望孩子过半个小时再来解决问题，他觉得就已经做得很好了。但是李校长好像是完全不顾他的存在，先处理学生的事情了。我说，这不是很正常的事情吗？再过半个小时，她要上课，我的时间是自由的，但是她的时间是不自由的，凭什么要她来将就我呢？毕竟是来找校长，她说不定也是犹豫过的，一过来校长却说你再等半个小时,这对她的挫伤感多大呀。

有个女老师说她原来读中学的时候可怕校长了。我跟她说我来这当校长的第一天就给全体学生做了承诺,我一定要做一个孩子不怕的校长。我经常上班来得早,办公室门口下边都有学生的小纸条。这些学生不光是我教的班级的学生,还有其他班级的学生。他们有什么心事都要告诉我,课间学生到我这聊几句,从书架上借几本书走,很常见的还有谁没钱了找我借钱。有一天早上,我来上班,办公室门口下边有张小纸条,上面的语气还很江湖,说:"李老师,我最近手头有点紧,能借给我200块钱吗?"我肯定要借给他的,但是我还想问问他的情况。我去听了两节课回来,一看又有一张纸条,上面写着:"李老师,我中午来拿钱,好不好?"换个人来肯定会说这孩子真不懂事,但是我不这样看。第一,他特别信任我,不然为什么不找别人呢?第二,他认为他的判断力很准,李老师肯定是这个学校最有钱的人。好的教育就是要随时把孩子放在心上。我再说一遍,好的教育不在墙上、不在嘴上、不在文件上、不在标语上、不在招生广告上,而应在孩子们的感受当中。

既有出色的分数,又有浪漫生活的教育,就是好的教育。我当班主任很多时候是从初一到高三大循环,我带的班并不算多,一样有中考压力、高考压力,但我也可以让班级生活丰富多彩,充满情趣。

当年我带的高95届考得相当好。那时候我们学校是成都市的三流学校,教育局根据我们的生源,给我们学校下了指标。但在当时许多人看来,那是绝对完不成的。

可最后高考的结果是,除了一个读中专,其余全部考上大学,人们纷纷说我抓高考很牛。但我说我抓高考不牛,所有高三班主任要做的事情我一样不缺,而我做的事情高三班主任却未必愿意去做。我带学生们玩,每天晚上补课都可以,有周末狂欢,每个小组到我家做客,这是好多班主任没有做到的，但我却做到了。

我历届学生共同的记忆就是，李老师带班，一是带学生去玩，二是爱给学生读小说。很多学校到了高三，一些活动都是默认可以不参加的，但是我带的班所有活动一律参加。那个时候还没有"素质教育"这一说法，所以多年后我调离了这个学校，他们请我回去做报告，希望我讲讲素质教育。我说当时没想过什么素质教育，那会儿也没这个概念，我做的只是教育本来该有的样子。

好的教育还需要好的老师。好的老师有什么特点呢？第一，课上得好。我们不说什么互动性、生成性，好的课堂我就一个标准，那就是学生是不是迷上了你的课。第二，班带得好。好到什么程度呢？同样是这个班，但是遇到了这个班主任，他觉得幸运。第三，分考得好。这很重要，不要一说到分，就是应试教育。作为一个有责任心、有爱心的老师，看见学生考得那么糟糕，就算没有所谓来自学校的压力，内心的使命感也会促使你行动的。

最后一点，会转化后进生。这一点尤为重要。因为对后进生的态度，考验着一个教师的良知与智慧。而我们对优生的爱是天然的。每年高考之后，永远在说哪个学校的清北生创新高，今年又培养了两个清华，三个北大等等。这些人才是你学校培养的吗？如果是你学校培养的，请问为什么不多培养几个？没有一个学校说这次考得好，在客观层面是因为这届生源一流。如果哪个学校特别关注后进生，这个学校是伟大的，同样，这样的老师也是伟大的。

好老师不一定是"名师"，要达到"名师"还要有两个条件，即要在"三好一会"的基础上，能说、会写。好的老师要能通过大会发言，通过讲座把经验分享出去，通过文字、文章、著作让各种人知道你的经验智慧。这时你就有影响力了，可以逐步成为"名师"了。

另外我特别想说的是，好老师是自己培养的，要培养自己"四个不停"，不停地实践、不停地思考、不停地阅读、不停地写作。这"四个不停"会让你不断地成长，具体我就不展开说了。总之做到这"四个不停"，坚持五年八年，你想不成功都难。

教师关键是要有自己的内涵，有没有魅力真的很重要。对我来说，教育既不是简单的职业，甚至也不是事业，而是爱好。一旦把教育当作爱好，你会进入一种境界，即一切和校长都没有关系，是我自己的。教师应有一种特别的幸福感和庄严的使命感。教师要有自己的专业信仰，要为所教的学科而感到由衷的自豪。

教师要有足够的魅力，关键在于你有没有足够的学识与技能。现在我们教师的学历越来越高，本科生、硕士、博士不在少数，但关键是你的内涵究竟怎么样？强调教师搞研究有它的必要，因为大家要意识到教师本身就是一个学者。

你平时有阅读和写作的习惯吗？这个太重要了。我在我写的《重读陶行知》这本书的序言中写道："和老一辈大师相比，我们连学者都谈不上！"

我给大家随便说几个大师，没有一个有大学文凭。鲁迅是中专文凭，巴金中学毕业，沈从文小学毕业，等等，即便如此，他们都成了人人尊崇的大师。为什么？因为他们会阅读，勤思考，有内涵。钱梦龙老师在我们国家的语文教学领域中相当于京剧界的梅兰芳。他有一句话影响甚至推动了中国基础教育改革几十年，叫"以学生为主体，以教师为主导"，这是他提出来的。而他的文化文凭是什么呢？初中毕业。所以我们和这些大师相比，我们连学者都谈不上！

此外，好的老师要善于反思。你犯了错误不要紧，关键是要不断地反思。如果有了对错误的反思，那么每次错误就成了你成长的台阶。如果没有反思，那么每次错误都让你一步步走进深渊。

教育的本色

好的老师会尊重每一个孩子的未来。教书几十年，再怎么样都会有几个尖子生、优秀生，你说这是你培养的，但事实果真如此吗？我有一个学生叫胡小鸥，是个青年作曲家、音乐家，拿了很多奖，也为很多影视作品写过曲。比如电视剧《平凡的世界》，我说他用最"西洋"的乐器奏出了最"中国"的乐曲。

他的父亲好多年前给我写过一封信，里面有一句话"你征服了学生的心，学生爱你，比什么都珍贵。"这句话太好了，这么多年我也是这么想的——学生爱我比什么都珍贵。校长怎么评价也重要，但学生怎么评价更重要。

这位学生很优秀，我讲他只是一个引子。我真正想说的是，如果我们的学生没有他这么优秀，就不值得尊重了吗？这么有才气的一个人，我从来不说是我培养的，虽然他说他受了我很大的影响，但他作曲和我没关系，我又不懂作曲。我做语文老师，我从来不说哪个学生会写作文是我培养的。现在很多语文老师的写作水平，我却不敢恭维，他还不如他的学生写得好，可是学生发表的文章他还是"指导老师"，这就很有意思。

其实50个学生总会有写作尖子，但多数学生其实很一般。所以我们要解决的问题应该是怎么对待多数一般的学生。这位同学毕业之后，我又下来教初一，同时带了两个班，一个是全年级成绩最好的班，一个是全年级成绩最差的班，我都当班主任并教语文。

于是我们团队就开始研究了，对于这个"差班"每次上课备四套教案，每天布置四套作业。每次考试，一个班考题都不一样，为什么？我们让每一个孩子都有成功的希望，享受成功的喜悦，这才是教育。

当年这两个班，一边是"学霸"，一边是"学渣"。二十多年过去了，真的是这样的吗？简单举几个例子。

这位是张凌同学，调皮得不得了，看他照相的表情就不是个优生的表情。每一次拍照我都要搂着他的肩膀拍。有老师说，李老师你多爱学生，这么差的学生还搂着他。我说，我搂着他的确是事实，但我搂着他不是因为爱他，而是控制他。想一想，全班照合影不控制他，他东倒西歪的，还照什么像。我搂着他拍照，他表现得还比较规矩，因为他平时可都是嚣张得不得了。再说到他的成绩，那是相当的差，不是一般的差。

就这么一个孩子，你说你能想到他的将来吗？他读到初二要辍学，不读了，被他妈妈牵走的时候向我告了别。后来张凌走了，去学足球了。但他时不时还给我写信，每一次来信都写得很完整。

张凌长大了，我还是搂着着他的肩膀拍照。他现在是四川省足球教练，你能想得到吗？疫情防控期间我为了写他，去陪他练球，感慨万千。当年一个小不点，现在大将风度，叱咤风云。他当时在训练少年队，队里都是各个学校不读书的孩子。他说："我想和你爱我一样爱他们，教好他们。"

还有一个女生叫宋怡然。她当时进校第一天，她母亲说孩子自卑胆小，希望我多鼓励她。我说没问题的，在班上我的确在各方面都鼓励她，总之我能让她有信心。后来这位女生说，李老师，我在你班上读书的时候，获得了一次全班的表扬，一下就有信心了。她说我小学没有享受过这种表扬。她喜欢踢球，我还陪着她踢过。

现在她已经成为美国一名很有影响力的摇滚歌手，这点我完全没想到。她说，她的信心就是我培养起来的，相信自己的能力，自己作词，自己作曲，自己开演，自己发专辑。前年回国，她送我碟子，我说不行，得给我签名。这是谁都没想到的变化。

一个孩子不是只有考大学才是唯一的出路。在《关于和谐教育的一些想法》中，苏霍姆林斯基这样写道："不要让上课、评分成为人的精神生活的唯一的、吞没一切的活动领域。如果说一个人只是在分数上表现自己，那么可以毫不夸张地说，他等于根本没有表现自己。"咱们现在不就这样的吗，选优生，甩差生。这种境况下，张凌和宋怡然怎么表现自己？他们考试永远个位数，可是换个领域他们就成为佼佼者。

　　这个班当年被人看不起，唯恐避之不及。当时那些老师们都很感谢我，差生都在我班上了。但是现在个个有出息，哪是当年有人说的"人渣""学渣"？这里边有教师，有医生，有公务员，有科技工作者，有搞企业的，等等。

　　重点班里的学生发展得也特别好。有个小孩叫吴镝，北大硕士，会拉小提琴，考了飞行员，当了机长，发展得非常不错。但是你能说吴镝就一定比张凌更成功吗？或者说张凌就不如吴镝？他们都是大写的"人"，都是令我自豪的学生，这就是我说的要尊重每一个孩子的未来的原因。

　　教育不能那么功利，教育需要爱。我在网上写过这么一段话，被不断地转发。我说："我们爱的是孩子本身，而不是他的表现，也不是他的成绩，更不是他将来的地位。"我觉得我做到了。

　　我教的第一个班，也是我的教育初恋，我是通过他们爱上教育的。我始终认为做一个老师就应该永远和教育谈恋爱，这和别人是没关系的，这不是为别人而工作。后来这个班的学生联系到我说，"李老师，明年你退休之前，再给我们上一节课吧"。这句话点燃了我的心，我想这创意太好了。第一次给他们上课，他们十二三岁，我风华正茂，再给他们上课我已年过半百。退休前最后一堂课，我们一起重返青春。

　　我们来到了当年的学校，180个座位的教室挤满了400多人。除了在乐山一中毕业的，乐山的各年级的学生之外，还有他们的爸爸妈妈。其中有一个女生专门从德国赶回来，听我的最后一节课。我给他们上了一篇曾经给他们讲过的课文，唤起他们的记忆，一起怀旧。我带去了很多文物式的资料，还有一起读过的小说。我在笔记里边记录了某年某月某日给谁谈心，某个同学犯错误了。他们看到这些文字感觉特别亲切，虽然已经不再年轻，可是五十多岁的眼睛里依然闪烁着十五岁的光芒。

一堂课怎么上才叫上得好？那就是看，在课堂上，学生们是不是情不自禁地看着你？一双双明亮的眼睛，目不转睛地看着你，那就是一片星辰大海。

好的教育灵魂是人性，有人性的教育就是好的教育。只有当师生彼此心灵相通，生命相融，好的教育才能真正发生，好的教师也才能真正诞生。

2022 年 7 月 22 日

泰山北斗杜道生

那一天下着小雨。

我乘坐 77 路公共汽车从大石西路到红瓦寺，快下车时，我突然看见在我前面拥挤的乘客中有一位白发苍苍衣着朴素的老人背影，这背影随着汽车的行进而摇摇欲坠却又相当顽强地屹立着。我不由得对这背影产生怜悯，同时更充满敬意：这么大的年纪了还来挤公共汽车！

红瓦寺站到了，我拼命向车门挤过去，这时我看到老人在我前面朝车门方向挤去，然后颤巍巍地下了车。刚下车的老人似乎是在寻找进一步前行的方向，就在他转过头的那一刻，我惊喜地发现：原来他是我大学时代所有同学都非常敬重的杜道生先生！"杜老师！"我忍不住叫了起来。

杜老师听到我的招呼立即认出了我："是李镇西！"他的脸上顿时露出了慈祥而纯真的笑容。他当时是去四川大学看望他儿子的。

我搀着杜老师走了一段路，并且和他聊着。我问他为什么还来挤公共汽车，他说其实他随时可以叫学校派车，但他不愿给学校添麻烦，而且挤车也是一种身体锻炼。

我问杜老师："您现在还是一个人生活吗？"他说他还是一个人独自生活。我说起码应该有一个人在身边照顾照顾呀，他说不需要："如果有人照顾我，说不定我就变懒了，会有依赖性，衣来伸手饭来张口，身体反而会差。"

当他听说我现在还在读书，专业是教育哲学时，马上对我说："给你推荐一本书，《中国文化》，复旦大学出版社1982年出版，你最好去找来读读。"

我把杜老师送到他儿子的宿舍大门前。离别时，杜老师笑眯眯地对我说："欢迎你回川师我的宿舍玩，我还住在老地方。我住了40多年了，哪儿也不愿搬了！"

和杜老师的不期而遇，使我感慨万千。不仅仅是感慨于90岁高龄的杜老师那健朗的身体、惊人的记忆力，更感慨于杜老师那高尚的人品、渊博的学识、淡泊的生活态度，还有他对学生真诚的爱……可以这样说，在当今社会，像杜老师这样的"怪人"已经不多了。

1978年3月，我考入四川师范大学时，杜老师已经66岁了。他担任古代汉语教学，主讲古汉字。说实话，就专业知识而言，他所讲授的这一门课几乎没有学生喜欢，因为那些难写难读的古汉字不啻是又一门外语，再加上他满口的乐山方言让许多同学听不太懂——比如，他会把"一个人"说成"一块人"，但几堂课下来，这别样的方言给他的课平添了别样的情趣，同学们渐渐喜欢听杜老师的课了。

当然，喜欢杜老师的课绝不仅仅是因为他的"一块人"有趣。这一门很遥远而且很专业的课程，并未妨碍杜老师挥洒他渊博的知识和宽广的见闻。比如，他会时不时在"之乎者也"中突然冷不丁冒一两句英语，将古汉语语法与英语做比较；或者讲到什么地方需要图示时便信手在黑板上画一个圆，让我们惊讶他比几何老师还"专业"；有时还结合国际风云说说萨达特遇刺、朴正熙饮弹……于是我们公认：杜老师是一位百科全书式的学问家，或者干脆说他本人就是一本百科全书！

然而这部"百科全书"也有漏掉的"知识"——中文系一位老师曾给我讲了杜老师在"文化大革命"中的一次经历。在红卫兵"考教授"的时候，杜老师因没有答上八个样板戏的名称以及其中一部样板戏主角的名字而受到更加严厉的批判。

不过,这些红卫兵小将万万没有料到,说不出样板戏名称的杜老师却正在向《新华字典》"发难"。在审查期间,杜老师被剥夺了读书的权利,但豁达乐观的杜老师却有办法自寻其乐。他每日都捧着一本《新华字典》,从第一页读到最后一页,如此反复研读,不仅达到能倒背如流的程度,而且发现了这本新中国成立以来普及率最高的工具书竟然有许多错误,并向有关机构去函一一指出。后来"文化大革命"结束了,他又开始研读台湾出版的《中华大字典》,又指出了其中的100多处错误,使台湾同行大为叹服!再后来,他成了《汉语大字典》的编委之一。

当你在校园里碰上杜老师,你很难把他的形象同"教授"二字联系在一起,相反,看他的穿着你会认为他不过是一个烧锅炉甚至清扫校园的老头:黑色或灰色的中式对襟褂子,不但陈旧而且有些脏;如遇下雨,他便戴着一顶破旧的草帽,草帽的帽檐因陈旧而塌软,低低地耷拉着遮住了他的脸。但是,只要我们招呼他:"杜老师!"那帽檐下的脸就会浮现出慈祥甚至有些天真的笑容。如果我们再请教他一些问题,他便站在路边与我们滔滔不绝地谈起来——无论什么时候问他什么问题,他总能不假思索作出回答,仿佛他头脑里的那本大书随时都正翻到我们要请教的那一页。而此时,他的眼睛里便闪烁出只有真正的学问家才会有的那种睿智的光芒。

我曾和同学一起去他寓所请教。到了他那里,我们才懂得了什么叫"陋室"。他住在一栋20世纪50年代的红砖楼的三楼上,一间最多20来平方米的房间昏暗而令人憋闷。除了一张书桌、两把木椅和一张床,便是满屋的书——而且有许多是发黄的线装书——看似凌乱实则有序地摆放在书架上、桌上、床上、地上。靠门边有一个小煤油炉。杜老师生活之俭朴到了令人难以置信的程度:早晨自己去食堂买一个馒头,拿回来后就着豆腐乳和稀饭慢慢咀嚼;中午和晚上也是自己去食堂打饭,永远只是简单的一样蔬菜，加上早晨剩下的豆腐乳，便是杜老师心目中的美味佳肴了。有时食堂的米饭有些硬，杜老师便冲上开水放在小煤油炉子上煮一煮……

多年来，杜老师一直独自一人生活，身边没有老伴也没有儿女。他的家庭生活我们当学生的不便多问，但听说他是结过婚的，夫妻还十分恩爱，到了1975年共产党大赦国民党战犯，杜老师妻子的前夫也在大赦之列，杜老师为了让妻子同前夫破镜重圆，主动与妻子离了婚。从那以后，杜老师独居至今。

在学生眼中，杜老师的生活相当凄苦。而在我看来，本来杜老师是可以不这么凄苦的，因为年轻时的杜老师其实曾经有过很值得夸耀的革命经历：1935年冬天，还在北大读研究生的他曾行进在一二·九运动的游行队伍中，面对国民党政府的警棍和高压水龙头为民族危亡而振臂呐喊。如果杜老师的人生沿着这条"政治"的道路走下来，很可能他现在已经享受"38年以前参加革命"的"离休干部"待遇了。然而，一二·九运动第二年，杜老师从北大研究生毕业后便回到了家乡乐山办学，曾任好几所中学的校长，一直到50年代中期，才由中学调入四川师范大学。因此，杜老师一辈子都是标准的书生，尽管他有着光荣的历史，但到了晚年却如此凄凉。

据说杜老师有一个儿子，是四川大学的教授，但没有和杜老师住在一起。我曾问他为什么不和儿子住在一起，他说他一直习惯自己一个人住。我又问他为什么不请保姆照顾自己，他感到不解："为啥子要别人照顾呢？我自己就可以照顾自己了嘛！"杜老师看出了我为他的生活状态而感到不平，他却笑眯眯地说："一箪食，一瓢饮，在陋巷，人不堪其忧，回也不改其乐。贤哉，回也！"他脱口而背《论语》这几句时那摇头晃脑有滋有味的神态，我真是永远都忘不了。

是的，杜老师这种境界是我等俗人难以理解更难以达到的。

快毕业时，我和班上几位同学编撰了一本名叫《霜叶》的毕业纪念册。

我去请杜老师为这本册子题词。杜老师集录了几句司空图《诗品》中的话赠给我们:"碧桃满树红杏在林,犹春于绿如矿出金。"

离开学校的前夕,我去向杜老师告别。当时,我专门带了一个崭新的笔记本,请老师在上面写下珍贵的教诲。杜道生老师用孔夫子的话勉励我:"君子食无求饱,居无求安,敏于事而慎于言,就有道而正焉,可谓好学也已。"这个笔记本我至今珍藏。

毕业后,我分配到乐山一中当了一名中学语文教师,心里却不时惦记着杜老师。每逢节日我便给杜老师去一封贺卡,而他总是要回复我。他常常给我寄一些他自己整理的古籍资料,什么《论语》新注呀,等等。这些资料都是他自己一笔一画用毛笔抄写而成,然后自己掏钱印刷再寄给朋友们。

1987年秋天,学校举行建校80周年校庆,杜老师被邀请来了。这是我毕业五年半后第一次见到杜老师。杜老师见到我的第一句话是:"镇西,我记得你今年该满29岁了吧!"尽管我早就领教过杜老师惊人的记忆力,但他这句话,仍然让我惊诧不已,在场的人更是目瞪口呆。

几年后,我调到成都,便不时去看望杜老师。杜老师仍住在那小房间里。但就在这狭窄阴暗的空间里,依然健朗的杜老师兴致勃勃地与我说今论古。

记得是1997年,在他的宿舍里,杜老师和我聊起了汉文化:"汉文化真是渊源流长、生生不息啊!"然后,他从夏商周谈起,一直说到清王朝,最后的结论是:"汉文化的生命力是无与伦比的。你看,历史上,有那么多次外族入侵,但没一次征服过汉文化。"杜老师话锋一转,"当然,汉文化在发展中也不断吸取其他民族文化中的精华,形成了今天所说的中华文化。如果中华文化不创新,也就得不到继续发展。而今天的发展,就还要向世界其他发达资本主义国家的文化学习……"

听着杜老师这些话,我很难相信,在这狭小阴暗的空间里,杜老师的心中竟然有着一片无比宽阔而晴朗的天地。

那次我请杜老师与我合张影,我扶着他走出房间来到校园。杜老师突然用手中的拐杖重重地戳着脚下的水泥地,说:"这下面可都是肥得流油的土壤呀!如果再不保护耕地,我们中国也要变成朝鲜了!"

常常听有人或善意或鄙夷地把杜老师叫作"怪人"。是的,在今天这个日益物质化功利化的时代,杜老师确实如出土文物般既令人惊叹又令人不可思议。每次和杜老师在一起面对面聊天的时候,我都感到一种人格的魅力扑面而来。我不知道杜老师是不是共产党员,但我感到他的高尚品格,他的学术追求,他的人生境界,作为一名真正的共产党员绝对是绰绰有余的。

我曾感慨,杜老师这样的人可能是中国最后一批真正能够令我肃然起敬的古典学者。但愿时代的发展会证明我这个评价过于悲观。

杜老师今年 90 岁了,可他的身体依然那么健朗,他的思维依然那么活跃,他的生活依然那么俭朴,他的胸襟依然那么豁达,他的心态依然是那么年轻。

我忽然想到几年前,杜老师曾用毛笔工工整整抄给我的一段话,也是美国前总统克林顿的座右铭,首句就是:"青春不是人生的一个时期,而是一种心态。"

可以说,杜老师便是这句话最好的注释。

2002 年 9 月 31 日

补记

2013 年教师节,杜道生老师安详离世,享年 101 岁。

记者对我进行电话采访时问我:"你印象中的杜老师有什么特点?"

我说:"古典而现代。"

记者问我什么意思,我解释道——

所谓"古典",指的是杜老师一直坚守中国文化的道德品行、学术追求和生活方式。无论他的穿着,还是他的举止,绝对是地地道道的中国人。他对中国汉字的痴迷与守护,他粗茶淡饭的日常生活,他将妻子送回其前夫身边的"成人之美"……这一切,都表明他是真正意义上的君子。所谓"现代",是指他的视野与胸襟,一直连着整个世界。当年给我们讲课时,时不时会谈到国际时事政治。大学毕业后我去看他,每次都要聊到国际风云,甚至谈到朝鲜政局。他坚守中国文化,但绝不排斥民主、自由、平等、人权等人类文明的共同价值。

最后一次见杜老师非常富有戏剧性。那是2012年6月,我去四川师范大学授课,中午在校园一家餐厅吃饭。刚点了菜正坐在桌旁等候着,突然我听背后有人说话,好像是杜老师的声音。我扭头一看,呀!真的是杜老师!我简直不敢相信,已经100周岁的杜老师居然还走出家门来餐厅吃饭!

我忍不住大喊:"杜老师!"

他看见我,依然是笑眯眯的:"是镇西呀!"我实在佩服他的记忆力。

我问他怎么到这里来吃饭,他说家里来客人了,大家都一起到这里来吃饭。我一看,哦,果真,满桌子的人。

因为在各自的饭桌上,那次见面没有多聊。但我还是拿出手机和他合影。面对镜头,杜老师笑眯眯地竖起大拇指,那神态真像孩子一般可爱。他看我没有伸出大拇指,还用手臂轻轻碰了碰我,示意我也把大拇指伸出来。于是,我也学杜老师跷起了大拇指。

我转过身,开始吃饭。但因为背后就坐着敬爱的杜老师,我的心情一直不平静。其实,热闹喧嚣的餐厅中,杜老师实在太普通不过了,也就是一位慈祥的老人。来来往往众多食客，很少有人能够知道这位老人有着怎样不凡的经历、卓越的人品和渊博的学识。

我曾说过："和老一辈大师比，我们连学者都谈不上！"当我说这话的时候，首先想到的就是杜老师。

现在，先生驾鹤西去了。愿他天堂安息！

2013 年 9 月 10 日晚

睿智而纯真的万老师

一

我早就想写一篇关于岳父的文章，可一直无从下笔。

岳父姓"万"名"鲁君"。除了他的亲人、朋友、同事和学生，这个名字也许知道的人并不多。可是，我毫不夸张地说，在我心目中，他就是我身边的巴金、钱锺书、季羡林。唯一和这些名人不同的是，岳父不是名人。他曾对我说："年轻时我有一个梦想，要么做大作家，要么当名教授。"凭我现在对他智商、学问的了解，如果不是遇上那个时代，他完全可以实现这个梦想的。至少，他完全可能成为于漪、钱梦龙那样享誉全国的特级教师。

他是一个非常高尚的人。凡是知道他的人无不对他的人品钦佩不已，儒家关于修身养性的思想，已经化作他自然而然的生活方式。他的国学功底相当深厚，二十四史是读通了的，文史哲信手拈来，好书法，擅长写古典诗词。更让我感慨的是，他思维相当敏锐活跃，虽到晚年但仍然勤于阅读和反思，关心着中国的经济发展和政治体制改革，关心着中国的民主化进程，也关注着国际风云变幻。

1993年开始，他陆陆续续写出了自己一生的经历，计一百万多字。要特别说明的是，岳父一生真正是淡泊名利，心里装着整个国家。他写这些文字，从来不是为了发表，他说他只是为后人留下一份历史的证言。前几年他曾将这些文字自费油印几百册，分赠亲友。尽管阅读的人不多，但这些文字仍然引起了不小的反响。许多素不相识的人纷纷向他索要，不少读者自发写了读后感。

我认为，一个国家和民族的历史不仅仅是由"巨人"们写成，也是由无数普通人的生活细节构成的。人类历史的主人也绝不仅仅是帝王将相，而更多的是平民百姓。岳父以客观平和的心态、朴实流畅的语言，通过自己的经历向我们展示了从20世纪到21世纪中国一位普通知识分子的命运，他的经历同时也是中国绝大多数知识分子乃至中国人的经历。这些回忆不是概括地叙述，而是形象而简洁地描写，情节扣人心弦，特别是细致入微的细节，极富可读性。

也许我的介绍多少不可避免地带上了主观色彩——毕竟我对我岳父是相当敬重的，但我相信，只要是对共和国60年的历史有反思精神的人，联系自己的经历，读后都不会无动于衷的。

作为一名教育者，我平时阅读更多的却不是教育类的书，而是读顾准，读钱理群，读李锐，读邵燕祥，读李慎之……但我读得最多的，是我的岳父。我推崇岳父的回忆录，不仅仅是出于翁婿感情，更多的还有一份责任感，我想让更多的中国人读读一位老人为我们的国家留下的这一份共和国历史的细节文本。

二

岳父是一位特别善良慈祥的人。我从来没看见过他声色俱厉的时候。他对家人对周围的人总是那么慈祥，他的学生说万老师从来没有发过火。

他的处世原则是，决不给别人添麻烦。他总是随时想着别人。当别人有困难时，他从来都是伸出援助的手。平时周围哪个老教师有了困难，比如病了之类，总是先想到万老师，总要来求他。一位退休教师身体不好，身边也无儿女，岳父每周都去他家几次，陪他聊天，直到他去世。我还记得很多年前的一个半夜时分，一个老太太急切地敲岳父的家门，因为她的老伴突然发病，身边无儿无女，六神无主的她想到了万老师。岳父披衣起床开门，赶忙和她来到老友床前……

"文化大革命"时，岳父的大儿子从师范学院毕业后因父亲的原因而被分配四川边远少数民族地区，粉碎"四人帮"后，他大儿子想调回老家，我岳父去信以历史上的白居易、苏东坡发配流放却造福一方为例子，告诫他：那里的孩子也需要老师呀！就在当地为老百姓做事吧！我看了那封信，感慨不已。我爱人当时看了信说："爸爸，你连党员都不是，却比好多党员还党员！"

在他住家所在的宿舍楼，他现在是最年长的。但多年来，楼道的卫生都是他打扫。每天早晨，他就拿着扫把去扫楼道，好像每天必须刷牙洗脸一样自然。

三

岳父博学，且天资聪颖。

他年轻时考大学，40年代同时考武汉大学、金陵大学、四川大学等几所大学，居然都名列前茅！他学的是法律，精于文史哲，诸子百家烂熟于心，但数学、物理、化学、生物、英语、医学等都有所涉猎。在大学里，他还读了《资本论》（这是在以前的大学里，图书馆里可以公开借阅的）。

他一直在不停地阅读，不断吸收新的信息，真是"活到老，学到老"。

在我的眼里，他是一位百科全书式的知识分子。1982年春天，我大学毕业分到乐山一中时，他还没有退休，和我是同事。听过他的课，他的课上得非常好。深厚的学问功底，使他对教材的驾驭游刃有余，课堂上妙趣横生。后来他成了我的岳父，我也拥有了一本"教参"，随时在教学中遇到难题，就向他请教，总能得到准确满意的答案。就是现在，遇到难题，我也不时打电话到乐山向他请教。2003年5月，"非典"肆虐，我的博士论文答辩只好在家通过电话完成。那边导师们给我提了几个问题，给我半个小时查资料的准备时间。放下电话，我想，还查什么资料啊？问岳父不就行了吗，于是我一个电话打到老家，我把问题给岳父一说，毫无思想准备的他当即给我做解答。我不由得再次感慨：岳父不仅是一本百科全书，而且这本书随时都能翻到我要请教的那一页。

他的藏书很少，远远不及我的多，但他的学问全部装在他的肚子里！而且他的学问我一辈子都赶不上——我肚子里没什么学问，只好把学问都堆在书橱里。

他爱好广泛，年轻时打篮球（他个子挺高），后来打太极拳；他桥牌打得好极了，下象棋、围棋技术也是一流的；麻将也打得好。有时我和他一起打扑克，但无论怎样都算不过他的牌，别看他已进入耄耋之年，可思路清晰，算牌特别精，我经常觉得我手中的牌是透明的，被他看得一清二楚。

四

别看岳父后来脾气极好，他年轻时也怒目金刚过的。

他一生与乐山一中结下不解之缘，最后以乐山一中退休教师的身份定居校园。但他曾是乐山一中的学生。1937年他考入乐山一中初中，后来又考上该校高中。

但该校校长专横跋扈，在管理上激起了学生的不满，于是，由我岳父领头掀起了一场针对校长的风波。最后，他被开除学籍！

多年后我对他戏言："你是乐山一中继开除郭沫若后又被开除的学生，你也算是与郭沫若齐名了！"

岳父做事认真得要命。他现在是乐山一中20世纪历史的见证人。今年乐山一中百年校庆，几年前，学校便请他主持写校史，本来他可以以主编的身份指挥别人写，但他不，他亲自执笔，用颤动的手一个字一个字地写了几十万字。他说他等于是在写自己的历史。我爱人说他这么加班加点地操劳，应该得到报酬。他却说："要什么报酬！学校出钱印校史，等于是公家出钱在为我出书呢！"

五

岳父对我说，他年轻时就抱定决心不参加任何党派，就做一个好人。他还说，20世纪40年代末，他读大学时，正碰到国民党政府摇摇欲坠。他说，那确实是一个腐朽的政权。他当时是和全国人民一道，把中国的希望寄托于中国共产党，因为共产党提出了民主自由富强的治国方针，的确非常好，深得人心。新中国成立初期，岳父被新政权的风气所感染，也禁不住产生了入党的愿望。在没有任何人动员的情况下，他写了平生第一封也是唯一的一封入党申请书。那是1951年。

六

近年来，中国的"教育家"多了起来。我去外地开会或讲学，往往有人称我或向别人介绍我为"教育家"，有时还在前面加上"著名"二字。我每次都说"我不是教育家"，别人却会认为我"谦虚"。

其实，想起岳父，我哪里敢以"教育家"自居？

在我看来，真正的教育家至少应该拥有百科全书式的学识修养。我曾写过一篇短文，题目叫作《和老一辈大师相比，我们连学者都谈不上》。我经常想，面对真正的大师，"文化大革命"期间接受教育的我们只能算"半文盲"。这些话并非我们谦虚，而是事实。我认为，由于种种原因，20世纪后半叶开始，中国的教育水准大大下降了。我所知道的真正的大师，科学方面的如杨振宁、钱学森等，人文方面的如钱锺书、季羡林等。名人我就不说了，就说我岳父吧，那么有学问，并不是大学中文专业的他，却当了一辈子中学语文教师，直至退休，也没有评上什么"特级""学科带头人""优秀教师"之类。面对身边的无名大师，我敢说我是"学者"吗？连学者都谈不上，还敢说什么"教育家"？

我羞于成为这样那样的"教育家"。而且在岳父面前，我从来不提我被人称为"教育家"。不是虚心，而是心虚。

七

在我们家，岳父的"铁杆粉丝"是他的外孙女，也就是我的女儿晴雁。女儿十八岁时曾写过一篇关于外公的文字，其中有这样的段落——

> 我出生时，外公为我写下"搏扶摇而上九万里，瞰周秦以来三千年"的对联，请画家为我画下一幅大雁展翅向晴天的国画，并在画上题写公公为我写的歌曲："小晴雁，小晴雁，一飞上蓝天……"于是，有了那张照片：我一脸满足地指着墙上挂的对联和画，眼神是骄傲的。那时不懂得这副对联的意义，现在却似乎明白了，原来是外公对我的希望，让我能有"搏扶摇而上

九万里"的志向和勇气，有"瞰周秦以来三千年"的自信和学识。

上了中学，读到了外公写的回忆录，我才了解了外公的经历，外公在我眼中的形象也越来越高大。对我而言，外公是一个博学多识而心地善良的人。他的见闻、学识和善良，是我所向往的。于是我很自然地将外公当作我的偶像，只要有不明白的事，我便会向外公请教，仿佛外公就是一本百科全书，上知天文，下知地理。外公总是想着别人，他常常帮助别人，而且总是那么自然，仿佛帮助别人就是他的一种生活方式。于是我也学着给周围的人带去快乐。

到了有一天，我问外公"照壁"的用途，外公回答"不知道"时，我才发现，原来我也可以问出连外公都不知道的问题了，于是高兴了很久。爸爸说："你多看些书，总会有在学识上超过外公的那一天。"真的吗？于是我又高兴了很久，仿佛在我眼里，超越外公就代表着我的成长。

外公写的《祖孙乐》我看过，是在我四岁的时候写下的。十四年前的外公也许没有想到他可以看到我成长到十八岁，并且这一路走来他都对我影响极大，我向外公学英语，跟外公学书法，听外公讲做人……

我常会向人炫耀我有一个年过八旬，身体依然健康，精神依然矍铄，心态依然年轻，灵魂依然纯真的外公。现在，我懂的英文比外公多，我能走更远的路，我也会讲远比武松打虎更精彩的故事……但是，外公依然是我最崇拜的人。

后来，女儿已经远在法国留学，可依然思念着外公。

八

2008年7月，几乎从不生病的岳父，一病便不轻：被查出患有直肠癌。一家人的心里都蒙上了阴影，可他依然笑眯眯地过着每一天。

后来是他住院，动手术。我们大家都心情沉重，可在他面前却要表现出轻松。他的神态也很轻松。大家都很轻松，只是我们的轻松是装出来的，而他的轻松绝不是装出来的，是他坦然乐观心境的自然呈现。开始我们还想瞒着他，可是，正如万里之外的晴雁电话里对我说的那样："公公那么聪明的人，怎么可能被瞒住？他肯定清醒得很！"

女儿得知外公患上癌症的当天晚上，在她的QQ空间里写道——

我最爱我的外公了，特别是他笑嘻嘻地看着我，眼睛眯成一条缝。

住在老家的时候，只要我说想吃糖醋排骨，他就微笑地放下书，开始找红糖。

外公说，红糖做出来的糖醋排骨才最正宗。

以前上小学，我总是盼望放学走出校门的瞬间，看到外公在街对面笑眯眯地望着我。

然后他拉着我，顺着玉林、芳草、衣冠庙，一路走回肖家河。

他永远会讲我听不腻的武松打虎和完璧归赵。

我会一边很认真地听故事的每一个细节，一边细心研究外公走路时外八字的角度。

我没有跟外公说过，我出生时他为我写的歌，虽然我懂事后他再没唱过，但我一直清楚地记在心里。

还有他为我题写的对联:"搏扶摇而上九万里,瞰周秦以来三千年。"虽然后来不知道挂去了哪里,但我依然能背诵。

我想着和外公一起散步的日子,想着想着鼻子就酸酸的。

于是我真的想求求老天爷:

不是我的,我从来不向你要,那我有的,你可不可以不要拿走?

令医生感到奇怪同时令我们感到欣慰的是,手术后岳父恢复得相当好。他这个年龄本来是不宜化疗的,但他居然承受了化疗,而且根本没有一般化疗者的反应:呕吐呀,脱发呀,等等。他的身体现在依然硬朗,情绪依然开朗。该做啥还做啥:读书、写字、打麻将、坐茶馆、陪朋友聊天……一样不落下。

好像他患的不是癌症,而是感冒。

其实,岳父早已把生死置之度外。1988年,岳父就为自己写了一副挽联:

功过以实为凭,万事坦然活已够;
荣辱让人说去,一生清白死何求?

他还对这副挽联写了一个说明——

未居高官显位,应是无功;曾被打倒批臭,或云有过。但燃薪传火,问心无愧,两手无血,怎不坦然?活着时惯听流言蜚语,死了后不少挽联颂歌;何如自知自乐,先给自己定案,死后一烧便了。

过了几年,在他 75 岁的时候,他写下一组《七五抒怀》——

行年七五又书怀,万事坦然气宇开。
回首来时风雨路,言何幸福言何灾。

人生能有几知己,白发碰杯庆古稀。
乐共儿孙话往昔,笑看天际谱余晖。

兴来铺纸便挥毫,泼洒夹宣三二刀。
不是文人偏浓墨,倾消块垒学离骚。

茶馆有闲买一坐,随翻报纸意飞翔。
漫评欧美亚非拉,乱扯工农兵学商。

何必美人多有钱,何人似我能多闲?
撇开生死便成佛,人到无求即是仙。

又过了几年,他的身体依然健康,在其自传里,他又为自己写了一则讣告——

讣告

万鲁君死了。他是一个平凡普通的教师,立功立德立言都谈不上,按他的遗嘱送去一烧便了,不举行任何仪式。特此敬告亲朋故旧，他和你们永别了。

死者万鲁君生前自拟
1999 年 1 月 26 日

岳父在其自传的最后写到《遗愿》。他说他有五个遗愿——

第一，我非常希望我能够猝死，自己不痛苦，家属也不痛苦。

第二，我死后，不设灵堂，不收任何奠仪，不举行任何形式的追悼会。

第三，希望我的子女后代，首先是做一个善良的人，做一个正直的人，做一个无愧于"人"这个称号的大写的"人"！

第四，我希望我们的国家稳定、发展、繁荣、富裕。希望为政者真的面向现实，面向世界，面向未来，而不要汲汲于政权，浸没在僵化的意识形态里，则国家之幸，人民之幸。

第五，作为一个教师，作为一个园丁，我希望同学们青年们在阳光灿烂的春天里成长，在多姿多彩的世界里自由地飞翔！

他的《八二书怀》，有一种陶渊明的境界——

消长盈虚三万天，浮生难得此多闲。
任他红杏枝头闹，卧看云行听马喧。

他的《八五生日打油诗》，我经常给人推荐——

减去古稀方十五，再加十五便百年。
笑看岁岁花开落，一日无愁一日仙。

九

2009年4月26日,岳父迎来九十岁生日——其实,准确地说,是虚岁九十,但我们这里的风俗是"做九不做十",因此八十九周岁就做九十大寿。

他一点都没有声张,也没有答应儿女们给他做什么寿。只是很平静很闲适地和一群老朋友聚会。老朋友们也不知道今天是他的生日。

我想到二月份的一天,我和他聊天,他偶然说几天前是他和我岳母结婚五十周年的日子。我大叫:"金婚呀!你怎么不说说,我们好给你们庆贺庆贺呢?"他淡然地说:"有什么庆贺的?我和你妈妈一起坐了一会儿茶馆,很好。"

我说:"啊呀,现在一个孩子满周岁,都要摆几十桌呢!"

他说:"幸福是自己的感觉,关别人什么事呢?"

如此淡泊,如此幸福。

有次聚会地点,在他一个老同事的家。因为这种聚会是经常的,所以也非常随便,大家谈天说地,气氛十分热闹。我坐在其中,也被感染了。岳父这些老朋友老同事都是八九十岁的老人了,但他们依然关心着这个世界,忧虑着我们的国家,议论着各种社会现象。

闲谈中,岳父拿出一张纸,说:"今天是我的九十岁生日,这是我写的《九十书怀》。"

他朗声读道——

九十书怀

——步《桃花扇·哀江南》韵

夜幕依稀天欲晓，

邯郸惊梦鸡鸣早。

坎坷路，

醒犹未消：

三十年浪漫曲，

三十年臭老九，

三十年春到了。

这茫茫人生世，

几曾睡安稳觉？

叹九十载阴晴饥饱。

听大中华争锋激；

全世界波涛涌；

人要做自由鸟。

蚕丝坚而韧，

残茧难丢掉。

且留些随笔遗稿。

纵情唱舒啸歌，

潇洒活，

糊涂老。

众人一阵喝彩。岳父解释说：" '听大中华争锋激'，这里的'争锋'指的是《争锋》那本书，写的是改革开放以来的几次思想大争锋。"

我拿过那张纸，上面还有一段说明——

> 老来已疏于提笔，去年七月直肠癌手术后现尚化疗中，已判死缓，朝不虑夕，更与写作绝缘。但在我这个年龄，早已淡化于生死，还是乐呵呵地活着，读书刊，看电视，听新闻，只争朝夕，竟又迎来九十之年。我满足，我高兴。我更庆幸于耳聪目明，思维尚健，回忆着"如此人生"，迎接可拥有的未来，这就是我的快乐，疾病何有于我哉？生死何有于我哉？《哀江南》是我少年时就已熟读的喜爱的诗，不久前好友方见肘录写原文来共相析赏，不免引发许多沉思与反思。正值我行将迎来九十之年，不无所感，乃抖着手提起笔来，写下了上面的也算《九十书怀》，但愿这不是绝笔之作。
>
> 即以此祝福亲友们健康，幸福，快乐！
>
> 万鲁君
> 2009年4月

老人们继续热烈地聊天。他们都是一群退休教师。我基本上没有插话，因为在他们面前我如同一个小学生。但是我从心里敬重他们。他们经历了八九十年的风风雨雨，至今依然乐观、淡泊、善良，这是一种境界。他们的言谈举止都透着风度与气质，文化与教养。这是民国教育留下的一种人的风范。但遗憾的是，这种风范现在越来越稀有了。我再次有些担心：若干年后，随着这些老人的离去，这种做人的境界会不会成为绝唱呢？

黎叔叔看见我一个人坐在一边，估计是怕我感到冷落，赶忙过来给我聊天。我很感动。我想起了岳父曾给我讲过他的一个故事。20世纪中国"大跃进"之后的大饥荒年代,身为高中教师的他,周末回家看妻儿,想到一家人都在饿肚子,可实在没有什么吃的可以带回家,便将身上的毛衣脱下来换了一个大南瓜。终于回到家里时已经是晚上,但一家人看见大南瓜都欢喜得很,想到终于可以吃一顿了。没想到,切开南瓜一看,里面竟然全是腐烂的!一家人围着不能吃的烂南瓜痛哭起来。那是怎样的一个夜晚啊!

那天,已经八十多岁的黎叔叔和我聊历史、聊政治、聊教育、聊科学发展观……他对未来充满乐观,我从他布满皱纹的脸上看不到五十年前那个夜晚的忧伤。

岳父和老朋友们说笑着。看着他透明的笑容,我想到我曾说过这样的话,这个世界上不乏智慧的人,可有些智慧却失去了纯真,智慧使他心灵生锈,使他过于自恋自负自私而精于算计,最后聪明反被聪明误;这个世界上不乏纯真的人,可有人纯真但缺乏智慧,于是这个"纯真"往往最后成为"愚昧"的代名词。如果一个人既智慧又纯真,那他就了不起。

岳父便是这种人——智慧而纯真。

古人说:"仁者寿。"我坚信,岳父一定能够继续健康长寿的。

午后我开车送岳父、岳母回家,特意为二老照了些相。我对岳父说:"爸爸,你笑笑,晚上我要把这照片发给晴雁呢!"

于是,岳父对着镜头笑了,满脸纯真。

2002年3月—2009年5月断断续续写成

(说明:岳父于2012年5月26日去世,享年92周岁。)

他有限的生命已经化作永恒的旋律

突然听说刘富煜老师去世了,一阵忧伤弥漫心间。

其实我和刘老师并没有特别深厚的交往。1982年春天,我大学毕业分配到乐山一中时,他已经是老教师了——虽然也就四十出头,而我还是一个刚出茅庐的毛头小伙,年龄的差距不可能使我们走得很近。再加上我们分属于不同的学科教研组,我是语文组,而他是音乐组……不对,他一个人几乎上全校的音乐课,也"组"不起来。反正,我和他的确谈不上有着铁哥们般的私交。

但我发自内心地尊敬他。刚才说了,他一个人几乎上了全校的音乐课——之所以说"几乎",是有时候也有实习老师或教研室的音乐教研员来代课——他自然也上我班的音乐课。我的学生说起他的课,便眉飞色舞。刘老师个子不高,瘦瘦的,长得有些卡通,指挥唱歌时,双臂优雅地挥舞,身段摇摆起伏,尤其是他的面部表情,十分生动,歪着脸,眯着眼,似乎是在欣赏孩子们的歌声,又似乎是陶醉于自己的指挥……

刚到乐山一中,第一次听到校歌,我便被感染了:"乐山一中,岷江之滨,峨山之东。继变法维新,传美雨欧风……"这舒缓悠扬的曲子便是刘老师的作品。刘老师的确是有才华的,他不只是上课,还创作了大量音乐作品,写了许多歌:《峨眉情歌》《大桥颂歌》《岷江两岸好风光》《盐亭县县歌》《徐家扁小学校歌》《杨湾水泥厂厂歌》《金顶警察之歌》……可以略微有点夸张地说,几十年来,乐山一带的上空一直飘荡着刘老师创作的旋律。因为业务精湛,他被评为音乐特级教师,是四川省比较早的特级教师之一。

我还有幸与他合作过。1987年,乐山一中举行建校八十周年校庆,决定举办一场歌咏大会。刘老师找到我,说他想写一组合唱曲,赞颂杰出校友林学逋。林学逋是毕业于乐山一中的学生,后来加入志愿军赴朝参战,不幸被俘,在战俘集中营,敌人强迫他去台湾,他宁死不屈。被杀害后,敌人将他的心脏挖出来烹食!刘老师对我说:"林学逋的事迹太感人!你写歌词,我来谱曲,怎么样?"我从没写过歌词,但被刘老师的热情所感染,更被烈士林学逋的事迹所感动。一周以后,我将写成的《忠魂颂》(亦名《英雄大合唱》)的歌词给了刘老师。"大合唱"由六首歌组成,分别是——《序歌:故乡哺育好儿郎》《再见了,亲爱的妈妈》《燃烧的战场》《血染的国旗》《红心永向祖国跳》《尾声:您,就是中国》。在校庆演出的舞台上,气势磅礴的《英雄大合唱》在刘老师的亲自指挥下,感染了全校师生。那是我第一次,也是最后一次参与歌曲创作。我想如果没有刘老师,我是不会有这样的经历的。

最让我感动的,是刘老师宽阔的胸襟。第一次当班主任,虽然没经验,但我还是想让学生的班级生活不但有意义,而且有意思。我引导孩子们为我们班取了班名"未来班",还拟定了班训、设计了班徽、制作了班旗。特别有意思的是,我们还有班歌。我让全班每一个学生写一份班歌的歌词,然后我进行整合修改,最后定稿。谁来为班歌谱曲呢?我不假思索地想到了刘老师。刘老师也非常爽快地答应了。可是,我的学生却提议:"我们能不能请谷建芬阿姨给我们谱班歌呢?"当时谷建芬是非常有影响的大作曲家,孩子们的音乐教材里有她的歌,所以他们自然想到了谷阿姨。当我有些不好意思地给刘老师表示歉意时,刘老师很豁达地说:"如果谷建芬老师能够为我们的孩子的歌谱曲，那太好不过了！"后来，谷建芬老师真的把谱好了曲子的班歌给我们寄来了。刘老师似乎比孩子们还开心，他激情澎湃地教孩子们唱，而且还将谷建芬为"未来班"谱歌的事写成一篇报道，发表在《乐山报》上。

我给我的大学同学、乐山一中原书记姚思俊打电话聊起刘老师，思俊说："刘老师高调做事，低调做人，从来都淡泊名利。他只想把本职工作做好，一心想着工作，想着学生。其他的个人名利，他根本不放在心上。"听思俊说这话的时候，我心里一下就想到了当年我班班歌的事了。

当年的我年轻气盛，无论班主任工作，还是语文教学，都喜欢"另搞一套"（当时一位主任批评我的话），再加上我本身也有不足，自然被人抓住把柄，于是便有了关于我的风言风语。刘老师总是坚定地站在我一边，给我以有力的支持。我现在还记得，有一次他把我请到他家里，对我说："你没错，别怕，坚持下去，走自己的路！"他还主动去找林校长，说要支持年轻人，不能让不干事的人嘲笑干事的人。应该说，几十年来，我之所以能够执着地在教育教学改革的路上不停地向前走，和许多领导和老师的支持分不开。——写出这些领导和老师的名字，将是一份长长的名单，而"刘富煜"毫无疑问是其中最闪亮的名字之一。

最后一次见刘老师，是五年前即 2014 年 8 月我的第一个"未来班"毕业 30 周年聚会活动的时候。那时的他依然性格开朗、精神抖擞。说起当年教这个班，他还对已经年近半百的学生们说："你们当年有幸遇到了李老师，虽然他刚参加工作，但富有激情，且有智慧。你们的未来班，用今天的话来说，就是素质教育！"他还特别提到谷建芬老师对未来班学生的关怀。后来，全体学生唱谷建芬谱曲的班歌《唱着歌儿向未来》时，刘老师跟着大家一起唱，而且声音特别洪亮，唱着唱着，本来坐着的他情不自禁地站了起来，摇头晃脑，激情澎湃……

这情景仿佛就在昨天。可昨天——2019年9月28日,刘老师已经永远地离开了我们,享年79岁。他的离去,引发了乐山一中无数学生的哀思,历届学生都在怀念他,回忆他上课的情景,他指挥大合唱的情景。因为学科的原因,他很少当班主任,但全校学生都是他的孩子,他谱曲的《乐山一中校歌》被历届学生唱了几十年。他虽然离去了,但无论何时,只要乐山一中的学生们唱起校歌,就会想到他们的刘老师。

于是,刘富煜老师有限的生命便化作了永恒的旋律。

此刻,是北京时间2019年9月29日晚上19:29分,我正在赴乌克兰的飞机上。在万米高空,我写下这篇文字,以纪念刘富煜老师。

愿亲爱的刘老师在天之灵安息!

2019年9月29日